PASTORAL FAMILIAR

As famílias em situações especiais

Linhas de ação pastoral

LEIA TAMBÉM:

Casais em segunda união: Uma experiência pioneira, João Bosco Oliveira e Aparecida de Fátima F. Oliveira

Casais em segunda união: Questões e critérios, João Bosco Oliveira e Aparecida de Fátima F. Oliveira

João Bosco Oliveira
Aparecida de Fátima Fonseca Oliveira

PASTORAL FAMILIAR

As famílias em situações especiais

Linhas de ação pastoral

DIOCESE DE JUNDIAÍ
ANNUS DOMINI 2003

Edições Loyola

Pastoral Familiar – Casais em Segunda União – Diocese de Jundiaí, SP

Edições Loyola
Rua 1822 nº 347 – Ipiranga
04216-000 São Paulo, SP
Caixa Postal 42.335 – 04218-970 – São Paulo, SP
☎: (0**11) 6914-1922
📠: (0**11) 6163-4275
Home page e vendas: www.loyola.com.br
Editorial: loyola@loyola.com.br
Vendas: vendas@loyola.com.br

ISBN: 85-15-02790-9

"Ele veio anunciar a paz a vocês que estavam longe, e a paz para aqueles que estavam perto. Por meio de Cristo, podemos, uns e outros, apresentar-nos diante do Pai, num só Espírito!"
(Ef 2,17-18)

"Ao Espírito Santo que nos faz falar como 'porta-vozes' de Deus!"
(2Pd 1,21)

Sumário

Apresentação

ACABO de ler os originais deste novo livro do Dr. João Bosco Oliveira e de sua esposa Sra. Dra. Aparecida de Fátima Fonseca Oliveira.

Ambos já ofereceram à Igreja e a quantos se dedicam à Pastoral dos Casais em Segunda União, tão numerosos no Brasil de hoje, cinco outros livros. Todos revelam, como este, o amor e o devotamento do casal amigo, que venho acompanhando há vários anos, a essa Pastoral, que, aliás, organizaram em nossa Diocese de Jundiaí e em tantas outras do Brasil.

O presente livro – *Pastoral Familiar – As famílias em situações especiais – Linhas de ação pastoral* –, muito mais que oportuno, vem comprovar, além da capacidade de reflexão e trabalho do casal amigo, a sua fidelidade exemplar à Palavra de Deus e ao Magistério oficial da Igreja.

Desconheço, em nossa língua portuguesa, livro que trate tão exaustivamente e com tanta sabedoria cristã os vários problemas das famílias – são milhões, infelizmente – que vivem em situações especiais e difíceis.

Tendo participado, na cidade de Santiago do Chile, em 1998, do Congresso de países do Cone Sul da América, que tratou do tema acima especificado, no qual fizeram um longo depoimento sobre a nossa Pastoral de Casais em Segunda União estável, os autores vieram habilitando-se e gestando, longamente, mais este livro. É fácil perceber a sua oportunidade.

O livro, este como os outros escritos anteriormente por eles, vem somar-se às reflexões da Exortação Apostólica do Santo Padre, do ano de 1981, a *Familiaris Consortio*, completada recentemente pela belíssima Encíclica *Ecclesia de Eucharistia*, que volta a abordar o doloroso problema dos católicos cujo primeiro casamento fracassou e que passaram a viver um segundo casamento.

Inspira-se, também, na Constituição do Concílio Vaticano II *Gaudium et Spes* e no documento n. 12 da Conferência Nacional dos Bispos do Brasil, do ano de 1978, mas ainda de grande atualidade e pertinência.

Tendo eu mesmo escrito um livro todo dedicado aos problemas da família, com o título *A família hoje e amanhã* (Paulinas, 1975), e enfocado os maiores problemas enfrentados em nossos dias pelo casamento e pela família em meu mais recente livro *Por uma nova sociedade no terceiro milênio* (Gráfica Jundiá, 2000), pude apreciar, devidamente, o livro que apresento a quantos se empenham na defesa dos valores do casamento e da família nos dias de hoje.

Faço votos no efetivo sentido de que esse atualíssimo livro seja uma luz para quantos se propuseram resgatar os valores da família cristã, tão acintosamente agredida por nossa legislação permissiva.

Que quantos sofrem com os problemas da própria situação familiar em descompasso com o belo e amoroso plano de Deus mais uma vez se sintam amados por Deus, que é Pai misericordioso, e pela Igreja, que é Mãe, sempre de braços abertos para acolhê-los e confortá-los.

Possam todos, quanto antes, ter uma plena participação nos Sacramentos, particularmente nos da Penitência e da Eucaristia!

Jundiaí, 1º de junho de 2003
Na festa litúrgica da Ascensão do Senhor

† Dom Amaury Castanho
Bispo diocesano

Prólogo

I

EM virtude das contínuas solicitações de Pastores e Agentes Leigos de várias coordenações diocesanas e setoriais da Pastoral Familiar, e na firme intenção de uma fraterna colaboração com o Setor Família e Vida da CNBB e aos inúmeros irmãos que se encontram em situações especiais, o casal Aparecida de Fátima – João Bosco Oliveira, iniciadores da Pastoral de Casais em Segunda União da Diocese de Jundiaí em 1993, elaboraram esse subsídio que apresenta aos leitores reflexões, estudos e sugestões práticas sobre os princípios, critérios e linhas de ação pastoral para o Setor das Famílias em Situações Especiais da Pastoral Familiar.

II

Os autores buscaram nas Sagradas Escrituras, nos documentos do Magistério da Igreja, nas conclusões de congressos de Pastoral Familiar e nos pronunciamentos de Bispos e teólogos, os fundamentos e a consistência dos conceitos e das estratégias expostas.

Felizmente, quando se trata de documentos e orientações pastorais em favor da família e da Pastoral Familiar, a Igreja oferece preciosa e vasta colaboração aos pastores e agentes da Pastoral Familiar.

O Concílio Vaticano II recuperou para a teologia o lugar da família e da Pastoral Familiar como eixo da Pastoral de Conjunto, uma vez que a família exerce um papel primordial e insubstituível na existência, no crescimento e na formação de todo ser humano, da sociedade em geral e da Igreja como sacramento da salvação.

III

O papa João Paulo II, o Papa da Família, incansável apóstolo e profeta de nossos dias, não perde nenhuma oportunidade de reconhecer, defender e anunciar os valores do matrimônio e da família, onde o amor humano adquire um valor sobrenatural, capacitando os cônjuges a participarem do próprio amor redentor de Cristo e a se tornarem uma parcela viva da santidade da Igreja.

A família, como diz o papa, é o ambiente em que o homem é amado por si mesmo e aprende a viver "o dom sincero de si": é uma escola de amor. É o lugar onde se promove constantemente a comunhão estável de amor entre um homem e uma mulher, fundada no matrimônio e aberta à vida.

Onde não existir o amor, a fidelidade e a generosidade, as conseqüências não se fazem esperar: "para os adultos, solidão; para os filhos, desamparo; para todos, a vida se torna território inóspito!".

É necessário acolher, conhecer e responder evangelicamente às situações especiais em que vivem muitíssimos de nossos fiéis e de nossas famílias. É necessário investir no planejamento e na preparação tanto dos agentes como dos fiéis, para, como afirmam os autores, "não cairmos em improvisações fáceis ou experiências apressadas que façam as ações pastorais terminarem em situações de desânimo ou de proibição".

É preciso levar em conta estes três aspectos: *o salvífico* – Deus não nega a salvação a ninguém; *o batismal* – pelo Batismo somos recriados e passamos das trevas para a luz, da morte para a vida; e *o eclesial* – a vida em comunidade, a comunhão (somos todos um só corpo em Cristo), a abertura missionária (dar as razões de nossa fé aos de dentro e aos de fora).

IV

A resposta da Igreja não pode retardar à situação de trevas em que o mundo se encontra. A falta de evangelização dos católicos, o desconhecimento ou o desprezo dos valores fundamentais da vida, a descristianização e a crise de fé dentro e fora da Igreja solicitam e gritam aos pastores e a toda a Igreja, povo de Deus, um empenho urgente na busca, na implantação e no cultivo de uma vida cristã coerente que ajude a superar o hedonismo e o indiferentismo religioso, que enfraquecem a sociedade e desagregam muitos lares.

A implantação da Pastoral Familiar por seus três setores – Pré-Matrimonial, Pós-Matrimonial e Situações Especiais – pode ser uma resposta a provocar e fundamentar uma Pastoral de Conjunto nas nossas paróquias. A Pastoral Familiar tem como missão constatar, estudar, refletir e coordenar ações em favor da família que valorizem o que já existe e providenciem o que for necessário para que as atividades pastorais em favor dos indivíduos sejam acompanhadas com a participação da família. O nascimento de um filho, o batizado, o noivado, o casamento, a doença, a morte, o luto, os momentos festivos, as celebrações litúrgicas e familiares do Natal, da Páscoa, das missas dominicais, os cursos bíblicos, o terço em família, as visitas a outras famílias são acontecimentos significativos da vida familiar que devem ser valorizados.

V

Atenção especial deve ser dada à Pastoral do Acolhimento como ponto de partida para uma nova evangelização que coloque em prática a solicitude, o amor, a disponibilidade e a misericórdia do Bom Pastor que não quer que ninguém se perca. É obrigação da Igreja oferecer para os que estão dentro e para os que estão fora itinerários concretos que levem à fé como experiência da vida pessoal, familiar e comunitária.

Trata-se de uma evangelização ancorada em uma catequese renovada, uma liturgia viva, que leve as pessoas a uma opção consciente por Cristo e pela Igreja e a uma vivência tal do Batismo que faça surgir espontaneamente os frutos da ação do Espírito Santo que providencia os carismas e os serviços necessários para que todos tenham vida, e a "tenham em plenitude".

Assim, é necessário promover uma nova mentalidade pastoral e de relacionamento entre os fiéis em que todos sejam acolhidos, valorizados e ajudados a caminhar entre as "luzes e as sombras" em busca de uma nova visão que não rotule, discrimine, afaste as pessoas e as famílias em situações especiais, mas, ao contrário, providencie caminhos de superação do que for superável e conforte a todos com a Palavra de Deus, pois esta não volta ao Pai, uma vez lançada à terra, sem ter cumprido a sua missão. É preciso ter na mente e no coração esta certeza: "Para Deus nada é impossível!"

VI

O acolhimento e o respeito não significam não levar em conta a doutrina da Igreja sobre as situações a enfrentar, pois os sacramentos não são realidades das quais podemos decidir livremente: eles são dons de Deus que a Igreja administra segundo a vontade do Senhor. Assim, em relação ao Matrimônio, a Igreja nunca poderá abrir mão da unidade, da indissolubilidade, da abertura à vida, da educação dos filhos... E, em uma ação pastoral gradual, conduzirá a todos para essas verdades que são sempre libertação e felicidade, e não imposições para limitar o ser humano, como são interpretadas por muitos.

A Igreja precisa fazer contínuas avaliações de suas ações e rever a sua fidelidade ao projeto de Deus. É necessário criticar profeticamente o social, o político, o religioso. Porém, há urgência também de investir nos processos de evangelização e na formação dos fiéis para que tenham luz e discernimento no enfrentamento da vida com todos os seus prós e contras, por meio de uma efetiva auto-avaliação.

Se o CELAM, em 1998, já apontava que sessenta por cento das famílias existentes viviam em situações especiais, numa América Latina que se vangloria de ser preponderantemente católica, está assinalando uma situação que exige urgente revisão, autocrítica, planejamento, novos métodos e novo ardor de evangelização. Sem uma Pastoral de Conjunto eficiente, sem uma assistência especial à família, sem um investimento firme na convicção de uma "civilização do amor", será difícil ressuscitar a esperança que dá sentido à vida.

VII

Família, torna-te aquilo que és!
Família, acredita naquilo que és!

Exortações de João Paulo II e verdadeiros projetos pastorais para a implantação, a organização, o planejamento e a atuação da Pastoral Familiar nos âmbitos nacional, regional, diocesano e paroquial.

Investir na Pastoral Familiar Paroquial e na formação adequada de agentes específicos é o grande objetivo atual e a razão deste trabalho que pretende esclarecer e dar pistas de ações pastorais que não excluam a ninguém e nos ajudem a amar as famílias e a criar ambientes favoráveis ao seu desenvolvimento, sem nunca esquecer que "o futuro da humanidade passa pela família", como afirma o papa João Paulo II na conclusão da *Familiaris Consortio.*

Jundiaí, 8 de junho de 2003
Na Festa Litúrgica de Pentecostes

MONSENHOR JOAQUIM JUSTINO CARREIRA
Vigário geral da Diocese de Jundiaí
Assessor espiritual diocesano da Pastoral Familiar

Introdução

Das novas situações na Igreja

A Igreja sempre colocou a família como uma de suas maiores instituições e como um dos bens mais preciosos da humanidade. Cada família tem uma natureza e uma missão especiais, pois é uma referência concreta para todas as tentativas de evangelização no mundo.

Ela é, pois, "a primeira e insubstituível escola de sociabilidade e de humanização. Nela é feita a primeira experiência de Igreja" (*Estudos da CNBB 65. Pastoral Familiar no Brasil* – Paulinas, 1993, p. 16). A 4ª Conferência do CELAM, realizada em Santo Domingo, em 1992, destacava a família, chamando-a de "santuário da vida" (*4ª Conferência Episcopal Latino-Americana, Santo Domingo,* Loyola, 1993).

A importância da família nos planos de Deus aparece desde os primeiros livros das Escrituras. Já nos primórdios da História da Salvação ela se mostra em todo o seu significado. O gesto criador de Deus se refere ao homem e à mulher e, conseqüentemente, à família. É a situação verdadeira do matrimônio e da família como partilha, crescimento mútuo e geração da vida. É um sinal das núpcias entre Cristo e Igreja:

> *"A família cristã é, deste modo, animada e guiada pela nova lei do Espírito e em íntima comunhão com os Irmãos"* (*Exortação Apostólica "Familiaris Consortio", Papa João Paulo II,* Paulinas, 1981, n. 63).

A família cristã, pois, deve viver o ideal pleno do matrimônio cristão, que se manifesta mediante um triplo conteúdo: a unidade, a fidelidade e a indissolubilidade do casal e da própria instituição familiar. Enfim, "o futuro da humanidade passa pela família" (id., ibid., conclusão).

Todavia, a família, nos tempos hodiernos, tem sido colocada em questão por vários fatores, e muitos casais passaram a abandonar o ideal pleno do matrimônio cristão, não se atendo mais aos valores que constituem o fundamento dessa venerável instituição. Vão se tornando frágeis diante dos dons e deveres da família, perdendo-se quanto à verdade da vida conjugal e familiar. Deste modo, a realidade social e cultural de nossos dias apresenta, quanto às famílias, não poucas situações difíceis e especiais, que interpelam e pedem a presença constante da comunidade cristã e da sua ação pastoral.

Neste contexto, enquanto se encontram, de um lado, muitos subsídios para a afirmação do valor da família cristã constituída pelo Sacramento, de outro lado se coloca uma outra lógica, a do desestímulo e da ocorrência de fatos, muitas vezes dolorosos, que vêm ferir os princípios do matrimônio cristão. Surgem, cada vez em maior número, as famílias que não vivem o matrimônio como Sacramento ou dele se afastam, que não fazem parte das "famílias ideais", mas que querem ser, de acordo com suas condições, pelo menos "as famílias possíveis" na comunidade cristã: são "as Famílias em Situações Especiais".

Desta forma, a Igreja, não podendo se eximir de sua missão evangelizadora, tenta aliar a tarefa de anunciar o Evangelho de Jesus, bem como as exigências morais sobre o Sacramento do Matrimônio, com o dever de se fazer presente junto a essas famílias em situações difíceis e, muitas vezes, "dramáticas". Essas ações seguem "a medida do coração de Cristo", por meio de uma conduta pastoral que coloque a missão de Cristo e seus princípios e, ao mesmo tempo, reviva o espírito de amor e de misericórdia:

> *"A claridade e a intransigência nos princípios e juntamente a compreensão e a misericórdia diante da debilidade humana são as duas características inseparáveis que distinguem a sua ação pastoral"* (*La Pastoral de las Familias en Situaciones Irregulares*, CELAM, Coleccion Autores n. 21, 1998, 9-10).

Esta missão da Igreja constitui uma tarefa complexa. Em primeiro lugar, pelo fato de inúmeros membros da Comunidade eclesial, embora movidos das melhores intenções, somente se voltarem ao dever de manter vivos o ideal evangélico do matrimônio cristão e a fidelidade do casal à união sacramental. Para eles, qualquer abertura da Igreja às Famílias em Situações Especiais poderia significar "confusão" ou "erro" quanto ao matrimônio e à família cristã.

Em segundo, há a discriminação da parte de muitos membros da comunidade, não entendendo ou não aceitando o acolhimento da Igreja aos membros destas famílias. Ou então a ocorrência dos posicionamentos de "ufanismo", de espíritos marcados pela falsa misericórdia, no sentido de se exigir uma abertura total da Igreja a essas famílias, esquecendo-se da doutrina e do magistério da Igreja. Em terceiro lugar, o fato do ineditismo de pastorais relativas a essas famílias, com exceção, talvez, do Setor dos Casais em Segunda União, já que só existem, quanto aos demais tipos, tentativas isoladas ou paroquiais, desprovidas de diretrizes e critérios de nível diocesano ou nacional. Quais os princípios, critérios, diretrizes, conteúdo e dinâmica sobre esses procedimentos pastorais?

A Igreja vem se preocupando e debruçando sobre tais situações notadamente desde a referida Exortação Apostólica *Familiaris Consortio*, do papa João Paulo II, de 1981. Ele enfatiza tal preocupação:

> *"A solicitude pastoral da Igreja não se limitará somente às famílias cristãs mais próximas, mas, alargando os próprios horizontes à medida do coração de Cristo, mostrar-se-á ainda mais viva para o conjunto das famílias em geral e para aquelas, em particular, que se encontram em situações difíceis ou irregulares. Para todas, a Igreja terá uma palavra de verdade, de bondade, de compreensão, de esperança, de participação viva nas suas dificuldades por vezes dramáticas"* (*Familiaris Consortio*, op. cit., n. 65).

A CNBB, em 1993, colocava a necessidade da existência, nas Coordenações Diocesanas e Paroquiais da Pastoral Familiar, do Setor que então denominava de "Casos Difíceis" e, agora, de "Casos Especiais" (*Estudos da CNBB 65,* op. cit., 56-58). O Conselho Pontifício da Família, em 1997, em sua XIII Assembléia Plenária, fez várias recomendações sobre as Famílias em Situações Especiais, até quanto aos Casais em Segunda União. O Congresso do Cone Sul da Pastoral Familiar, realizado em Santiago do Chile em novembro de 1998, promovido pelo CELAM, desenvolveu, como temática do evento, "A Pastoral das Famílias em Situações Irregulares", procurando a formulação dos princípios, critérios e dinâmica da Igreja quanto a essas famílias. O 1º Encontro Nacional de Articuladores da Pastoral Familiar sobre os Casais em Segunda União, convocado pela CNBB, em junho de 2000, procurou articular os Princípios Fundamentais e os Critérios Iluminadores sobre esse Setor da Pastoral. O 2º Encontro, realizado em junho de 2002, chegou à efetiva conclusão da necessidade do estabelecimento das Diretrizes Nacionais para aquele setor.

Os participantes do X Congresso Nacional da Pastoral Familiar, realizado em Recife, de 6 a 8 de setembro de 2002, depois de terem avaliado as valiosas contribuições oferecidas e as conclusões dos debates, houveram por bem apontar várias propostas para o encaminhamento preferencial para as instâncias superiores da Pastoral Familiar. Entre elas se destaca que

> *"a Pastoral Familiar consagre a atenção devida ao atendimento dos Casos Especiais, tendo sempre em mente o Magistério da Igreja e que a SEFAV/CNBB promovesse, sem tardar, a elaboração clara das Diretrizes, Critérios, Conceitos e Nomenclaturas, bem como os Meios de Procedimentos e Estratégias dos Serviços consagrados ao atendimento dos Casos Especiais levantados pela Exortação Apostólica* Familiaris Consortio" (*Carta de Recife,* 6/8 de setembro de 2002).

A Equipe dos Casos Especiais do NURAP/CNBB, já iniciada em 8/9 de junho de 2002, está consagrando especial atenção ao atendimento dos Casos Especiais, tendo sempre em mente, em suas ações pastorais, as normas e a orientação do Magistério da Igreja, guiando-se pelos Princípios da Verdade e da Misericórdia e procurando, após os estudos das experiências já existentes, a expressão das diretrizes de ação, critérios de atendimento, compatibilização de conceitos e estratégias de implantação dos serviços consagrados aos Casos Especiais.

❖ ❖ ❖

Este livro tem por finalidade apresentar *algumas sugestões* a respeito das grandes questões concernentes às Famílias em Situações Especiais, e notadamente quanto aos princípios, critérios e linhas de uma ação pastoral. Os seus autores foram guiados, nesta modesta empreitada, pelas experiências apreendidas no Congresso do Cone Sul da Pastoral Familiar de Santiago do Chile, em 1998, em outros congressos setoriais e nacionais da Pastoral Familiar, em suas participações junto ao Setor da Segunda União da Diocese de Jundiaí por 10 anos, e, ainda, pelo propósito da prestação de um serviço aos irmãos componentes das Famílias em Situações Especiais bem como à equipe responsável pelos Casos Especiais na SEFAV/CNBB. Finalmente, pelo atendimento filial à solicitação de inúmeros pastores, pela colaboração fraterna com os dirigentes setoriais e nacionais da Pastoral Familiar, *e pela confiança na ação do Espírito do Senhor, que vela, continuamente, pelos caminhos, campos e homens da Igreja.*

Capítulo I

Da instabilidade dos casais e das famílias

DIANTE de todas as anteriores considerações, há necessidade de se buscarem as causas mais importantes que influenciam o aparecimento dessas situações ou casos especiais na vida hodierna e da Igreja, que, como nossa Mãe e Mestra, se preocupa e se debruça sobre esses vários tipos de casais e, conseqüentemente, de famílias.

O venerando papa João Paulo II afirma com propriedade:

"A situação histórica, em que vive a família, apresenta-se como um conjunto de luzes e sombras" (*Familiaris Consortio*, op. cit., n. 6).

As causas de tais eventos evoluem por meio de inúmeros acontecimentos delicados que vêm a afetar na atualidade o matrimônio como instituição e a família como comunidade cristã inicial e escola primeira de evangelização. Muitos casais cristãos nem sempre souberam se manter sem mácula, tendo em vista os obstáculos que obscurecem os mais fundamentais valores do matrimônio e da família.

Acentua tão bem, neste campo, João Paulo II:

"Eles não sabem pôr-se como consciência crítica da cultura familiar e sujeitos ativos da construção de um humanismo familiar autêntico" (id., ibid., n. 7).

Existem muitos sinais que preocupam e fazem surgir uma nefasta mentalidade pós-moderna, crises agudas de relacionamento ou culturais, uma formação inadequada dos casais, a relativização da moral, e, com isto, inúmeros casos de famílias em situações especiais.

O Concílio Vaticano II já afirmava:

"O nosso tempo, assim, precisa de uma tal sabedoria para que se humanizem as novas descobertas dos homens" (Const. Pastoral *Gaudium et Spes*, in *Compêndio do Vaticano II*, 25ª ed., Vozes, 1996, n. 15).

Já os padres participantes do VI Sínodo dos Bispos realizado em 26 de setembro de 1980, no Vaticano, tinham sublinhado como causas destes fatos a difusão do divórcio e o recurso a uma nova união, a aceitação do matrimônio meramente civil, a contradição entre a vocação de batizados e as experiências dos matrimônios naturais e a própria celebração do casamento sem uma fé viva.

Em 1993, a CNBB (*Estudos da CNBB 65*, op. cit., 24-25) se preocupou bastante em enumerar um elenco de problemas vividos pelo casal e pela família, afirmando ser dever da Pastoral Familiar levar em consideração, entre outras, as seguintes causas:

- A diminuição dos casamentos civil e religioso.
- A realidade de muitos casais que se desfazem e o aparecimento de famílias só com o pai ou a mãe (monoparentais).
- A idealização do par amoroso e as uniões consensuais.
- A dificuldade de construção do casal e da família.
- Os problemas ligados aos meios de comunicação e à destruição dos valores.
- O aumento da ignorância a respeito do planejamento familiar.
- O grave problema de famílias sem condições de vida.
- O grande número de novas uniões sem o Sacramento do Matrimônio.

Ainda, conforme bem acrescentava a CNBB, esta lista não é exaustiva (id., ibid., p. 25).

O Congresso do Cone Sul da Pastoral Familiar, realizado dos dias 16 a 20 de novembro de 1998, em Santiago do Chile, e organizado pela Secretaria Executiva da Seção da Família do CELAM, tendo como tema "a Pastoral das Famílias em Situações Irregulares", apontava, como realidade alarmante, o número dessas famílias "irregulares" na América Latina, da ordem de sessenta por cento do total das famílias existentes. E os padres e dirigentes presentes colocavam, com preocupação, que tais fatos "chegam a afetar na atualidade o Matrimônio como instituição".

Este Congresso estudou e apontou as causas mais imediatas dessa situação, desde as mais orgânicas até as resultantes de fatores mais laicos, tais como a mentalidade pós-moderna, a crise cultural, a relatividade da moral, o desinteresse do Estado em relação à estabilidade matrimonial ou familiar, a legislação cada vez mais permissiva, o espírito imediatista tanto de jovens como de outras pessoas, e, infelizmente, *a formação insuficiente de inúmeros cristãos.*

Muitas outras causas poderiam ser citadas e que levam, cada vez mais, a essas alarmantes realidades. O objetivo deste pequeno trabalho naturalmente não pode ser a busca da enumeração completa. A relação exaustiva, conforme acentua a CNBB, seria uma tarefa quase impossível diante da evolução ou involução céleres dos tempos “modernos”.

O que mais importa é a missão da Igreja diante destes fatos e conseqüentes desdobramentos: é sobre as diferentes famílias de nossos tempos que a Igreja se debruça e a elas procura levar o Evangelho. O ensinamento do Santo Padre João Paulo II é peremptório:

> *Uma vez que o desígnio de Deus sobre o matrimônio e sobre a família visa ao homem e à mulher no concreto de sua existência quotidiana, em determinadas situações sociais e culturais, a Igreja, para cumprir sua missão, deve se esforçar por conhecer as situações em que o matrimônio e a família se encontram hoje.* (*Familiaris Consortio*, op. cit., n. 4).

Capítulo II

Da nova evangelização

"Ide ao mundo inteiro, pregai o Evangelho a todos os povos... e ensinai o que vos mandei!" (Mt 28,19-20)

A Igreja tem a viva consciência de que a evangelização é tarefa sua (Lc 4,43) e que este anúncio da Boa Nova aplica-se a ela com toda a verdade e intensidade:

"Anunciar o Evangelho não é um título de glória para mim. É, antes, uma necessidade que se impõe. Ai de mim se eu não evangelizar!" (1Cor 9,16).

Evangelizar constitui a graça e a vocação própria da Igreja. Ela existe, deste modo, para pregar, ensinar e ser o canal do dom dessa graça. Evangelizar se coloca, pois, no grande papel e missão da Igreja:

> *"Ela é 'o redil' (Jo 10,1-10), 'a lavoura' ou 'o campo', 'a construção' de Deus (1Cor 3,9), 'a Jerusalém Celeste' e nossa 'Mãe' (Gl 4,26), 'o Povo de Deus'"* (Const. Dogmática *Lumen Gentium,* 7 e 9).

A evangelização é uma realidade complexa. Seus elementos são: o testemunho vivo da vida cristã, o serviço aos homens, a vida litúrgica como experiência da fé em Deus e relação entre os homens e o mundo, o diálogo, o anúncio e a catequese para proclamar a Boa Nova. A urgência da evangelização é um chamado claro e evidente de Jesus. O mundo, que necessita da ação missionária e evangelizadora de todos os cristãos, apresenta muitos desafios cuja resposta deve ser inspirada pela Palavra de Deus. Esses mesmos desafios ajudam os cristãos a perceber e ver mais longe a necessidade da evangelização, compreendê-la em sua realidade rica e dinâmica e acentuar todos os seus elementos essenciais.

A missão pastoral e evangelizadora e seu tríplice múnus (funções profética, sacerdotal e real) deve estar alicerçada e sedimentada no *mistério da comunhão eclesial* por meio de uma profunda unidade, da comum dignidade e da fundamental habilitação de todos os membros deste povo à participação na vida da Igreja no dever missionário (*Missão e ministérios dos Cristãos leigos e leigas* – Doc. 62 CNBB, 69-70). Formam, assim, um só feixe, um só corpo, um só conjunto, dirigidos para uma evangelização e imbuídos do respeito ao Magistério da Igreja e à sua perene misericórdia.

Na evangelização, pois, tudo é importante. É o dever de nada omitir, quer agrade, quer desagrade, quer sejam verdades suaves de se ouvir como a paternidade e a misericórdia de Deus, quer sejam verdades de acordo com o patrimônio da fé e da moral cristãs, as verdades "duras", que implicam, em todas as ocasiões, o dever da continuidade na sua proclamação e na sua vivência. O evangelizador não pode sonegar, em sua pregação e missão, qualquer verdade ensinada por Cristo:

> *"O renovado ardor missionário, desejado pelo Papa, despertará na medida em que o evangelizador e catequista, clérigo ou leigo, mantiver viva a chama do amor à missão... O evangelizador, movido por um zelo prudente e, ao mesmo tempo, audacioso, proclamará, alegremente, o Projeto de Jesus por anos a fio até o fim da própria vida, 'oportuna e inoportunamente', mesmo até a efusão do próprio sangue!"* (*Evangelização das cidades*, Dom Amaury Castanho, Edição própria, 2002, 32-33).

A evangelização deve "oferecer a salvação a todos os homens como dom da graça e misericórdia de Deus" (Exortação Apostólica *Evangelii Nuntiandi*, Paulo VI, 1965, n. 27). O documento de Puebla, da III Conferência Geral do Episcopado Latino-Americano, realizada em janeiro e fevereiro de 1979, já enfatizava, referindo-se à salvação em Jesus Cristo: "E aqui está o que é a base, o centro e, ao mesmo tempo, o cume do seu dinamismo, o conteúdo essencial da evangelização".

As situações complexas e especiais, que são encontradas no seio de muitas famílias, fazem o papa João Paulo II exortar a Igreja toda, os seus pastores e fiéis mais conscientes, "a uma nova evangelização, com um renovado ardor, novos métodos e novas expressões". Por isso, e devido ao grande esforço relativo ao pioneirismo dessas situações, "muitos acabam desiludidos, sendo tentados a cruzar os braços" (Dom Amaury Castanho, op. cit., p. 31).

O Papa João Paulo II apela, nestes e outros inúmeros casos, para o discernimento evangélico: "Esse discernimento realizado pela Igreja torna-se oferta para a orientação que salvaguarda e realiza a inteira verdade e a plena dignidade do matrimônio e da família" (*Familiaris Consortio*, op. cit., n. 5).

O papa enumera as questões a serem superadas por uma nova e prudente evangelização: os sinais da degradação dos valores, a errada concepção da independência dos cônjuges entre si e as dificuldades concretas que a família experimenta na transmissão dos valores. E na raiz desses fenômenos está, muitas vezes, uma falsa idéia da experiência de liberdade como força autônoma de afirmação ou um combate entre liberdades que se opõem (id., ibid., n. 6). Afirma, ainda, que "vivendo em tal mundo, sob pressões derivadas da *mass-midia*, nem sempre os fiéis souberam manter-se imunes diante do obscurecimento dos valores fundamentais" (ibid., n. 7). E o Papa finaliza: "Mais do que os séculos passados, o nosso tempo precisa de uma tal sabedoria para que se humanizem as novas descobertas dos homens" (ibid., n. 8).

Nestas vias estão as sábias palavras de Dom Amaury Castanho:

> *João Paulo II é para todos nós um exemplo dessa criatividade que nos deve levar à descoberta de novos métodos na evangelização e catequese. Sem ousar e sem ter a coragem de realizar com prudência novas experiências pastorais, sem encontrar novos caminhos e soluções, sem a organização de novos serviços, estaremos cerceando o Espírito de Deus e limitando a força da Palavra* (Dom Amaury Castanho, op. cit., p. 37).

Capítulo III

Da ação da Igreja quanto ao matrimônio e às famílias em situações especiais

O Congresso do Cone Sul da Pastoral Familiar, de 1998, referido anteriormente, estudou, debateu e apontou as causas mais imediatas que estão a afetar na atualidade o Matrimônio como instituição, desde as de natureza mais orgânicas até as resultantes de fatores mais laicos, tais como a mentalidade pós-moderna, a crise cultural, a relatividade da moral objetiva, o desinteresse do Estado em relação à estabilidade da família, a legislação mais permissiva sobre o divórcio, a influência negativa dos meio de comunicação social, mas lamentando, também, a formação insuficiente dos cristãos de parte da Igreja.

Essas situações são igualmente tratadas pelo documento final elaborado pela XIII Assembléia Plenária do Conselho Pontifício da Família, em janeiro de 1997, que observa que a Igreja Católica não pode ficar indiferente diante do número crescente das famílias em situações especiais, nem render-se a um costume de uma mentalidade que só tem atenção ao matrimônio como compromisso único e indissolúvel. Há necessidade da sustentação da fidelidade ao Sacramento do Matrimônio e ao Magistério da Igreja, mas, também, de ajudar as famílias componentes dos casos especiais e começar um caminho para elas até Cristo, o único que pode mostrar as vias para ambas as metas.

As conclusões do Congresso do Cone Sul insistentemente enfatizam: a descrição das causas que influenciam ou determinam a estabilidade do Matrimônio costuma ser genérica. Fica a impressão de que essas causas sempre emanam dos fatos que acontecem fora do âmbito da Igreja, e de que não se quer assumir a responsabilidade que neles tem a Igreja, tanto no que se refere à preparação e às exigências de fé para se receber o Sacramento como, também, ao abandono involuntário em que se deixam os casais recentemente unidos no matrimônio sacramental. As medidas extremas, embora louváveis, só vêm para a esforçada tentativa de procurar trazer ao aprisco as ovelhas enfermas.

Hoje se verifica, segundo o referido Congresso, uma enorme série de mudanças culturais que, de alguma maneira, altera tanto a concepção do matrimônio como a qualidade de vida conjugal e de relacionamento dos casais. Não se podem esquecer as mudanças levadas a cabo na idéia correta de mulher, de esposa, de mãe, dos trabalhos fora do lar, do acesso profissional, que criam um conceito novo de pessoa, de liberdade e independência quanto aos casais e aos filhos, levando ao individualismo e ao subjetivismo, a interesses pessoais de satisfação e felicidade. Neste contexto, cria-se, infelizmente, uma impressão apressada e parcial de "modernas" mentalidades de que a imagem do matrimônio e do casal colocada pastoralmente pelos homens da Igreja não responde aos anseios de tantos casais e famílias, à sua própria e atual realidade existencial.

Diante de tais situações, a ação da Igreja, segundo destaca o Conselho Pontifício da Família (na XIII Assembléia já citada), deve deixar de ser mais doutrinal para ser mais pastoral. As recomendações do Conselho se colocam em uma série de possíveis ações, que as fazem mais compreensíveis e práticas. Suas posições mais urgentes são:

> *"1. cuidar da preparação e da celebração do Sacramento do Matrimônio com mais empenho e atualidade, pois tal preparação é responsável em grande parte pelo futuro dos casais e tem de levar em conta que as separações, os divórcios e as declarações de nulidade aumentam a cada ano; 2. dar toda a importância à catequese sobre o valor e o significado do amor conjugal e familiar em todas as épocas das atividades catequéticas pré-matrimoniais; 3. buscar caminhos de acompanhamento aos casais que receberam o Sacramento e não deixá-los responsáveis à sua própria sorte; 4. Alertar e ajudar os cônjuges separados ou divorciados, que vivem sós, a serem fiéis a este estado, procurando conhecê-los e ser testemunha de seu processo de crescimento e de caminhada; 5. atenção maior na formação do clero e na formação doutrinal dos Agentes Pastorais nesses sinais do tempo; 6. ajudar as famílias em dificuldades; 7. iniciar o processo de conversão desde a situação em que o casal se encontra; 8. ajudar os*

casais em situações especiais para que reconheçam a sua condição e assumam a reta consciência de suas responsabilidades; 9. iniciar e vivificar o processo de conversão desses casais com procedimentos pastorais adequados às suas situações" (Conselho Pontifício da Família, XIII Assembléia Plenária, 1997).

A CNBB também referenda ações pastorais definidas para a defesa do Sacramento do Matrimônio e quanto às famílias em situações especiais. Os objetivos dos agentes pastorais devem enveredar por vários caminhos:

> *"1. conhecer a realidade familiar através de estudos a respeito da situação e das necessidades das famílias; 2. fazer um levantamento do que está sendo feito em prol da família e planejar um trabalho pastoral mais eficaz e adequado; 3. refletir constantemente sobre a problemática familiar à luz do Evangelho, dos ensinamentos do Magistério e da misericórdia e acolhida, a fim de que possam realizar uma evangelização atualizada e correta da família; 4. promover a formação de Agentes Pastorais; 5. promover setores adequados para as atividades pastorais tanto na formação dos casais que receberam o Sacramento como daqueles em situações especiais"* (Estudos da CNBB 65, op. cit., 52, 55).

Os homens da Igreja não poderiam ficar indiferentes ante esses fatos e conseqüências e a sua ação viva, quanto à formação dos nubentes e ao acompanhamento dos novos casais unidos sacramentalmente, não permite ser mais aquela de simples denúncia dos erros cometidos no âmbito do mundo laicizado, mas sim da utilização de todos os meios para que as comunidades locais e as famílias sejam o sustentáculo dos que procuram ou estão vivendo o matrimônio cristão. De outro lado, também há urgência da intervenção da Igreja e a sua solicitude pastoral, mais viva e dinâmica, para aqueles casais que se encontram em situações especiais, que são, muitas vezes, como já disse anteriormente João Paulo II, "dramáticas". Os homens da Igreja deveriam conseqüentemente buscar e assumir esse dever e fazer andar o que deveria estar caminhando há muito tempo:

> *"Faremos caminho ao andar... A Igreja tem de buscar o equilíbrio evangélico entre a Igreja 'Mãe' e a Igreja 'Mestra', a fim de não cair nem em um maternalismo que esqueça a verdade, nem em um magistério que esqueça a caridade"* (*La Pastoral...*, op. cit., 105).

Afinal, que todos tenham presente o convite do papa João Paulo II a um esforço especial para os que vivem nessas situações especiais:

A solidariedade da Comunidade ... A importância da Misericórdia... A confiança na lei de Deus e no Magistério da Igreja... O espírito animado pela esperança... A caridade no gesto... A caridade na verdade infinita...

Capítulo IV

Dos agentes pastorais nas dioceses e paróquias

TODOS os cristãos batizados são chamados para a ação evangelizadora tanto "aos que estão perto como para aqueles que estão longe" (Ef 2,17), isto é, às famílias ideais como àquelas que vivem situações especiais. Para isto Cristo fez do novo Povo "um reino de sacerdotes para Deus Pai" (Ap 5,10):

> *"O sacerdócio comum dos fiéis e o sacerdócio ministerial ou hierárquico ordenam-se um ao outro embora se diferenciem na essência e não apenas em grau, participando, cada qual a seu modo, do único sacerdócio de Cristo"* (Const. Dogm. *Lumen Gentium*, n. 10).

Por instituição divina, assim, a Santa Igreja está estruturada com admirável variedade: "Embora sejamos muitos, somos um só corpo em Cristo" (Rm 12,4-5). Ainda que alguns, por vontade de Cristo, sejam constituídos como mestres e pastores em favor dos demais, reina, contudo, entre todos verdadeira igualdade quanto à dignidade e quanto à ação comum na edificação do Corpo de Cristo. Deste modo, o apostolado dos leigos exige a sua co-participação na própria missão salvífica da Igreja, sendo chamados a ser a própria Igreja presente naqueles lugares e circunstâncias onde apenas por meio deles Ela pode chegar como sal da terra (Const. Dogm. *Lumen Gentium*, n. 32 e 33). Toda a Igreja, pois, é missionária e a obra de evangelização é dever fundamental de todo o Povo de Deus (Decreto *Ad Gentes*, n. 35).

Neste contexto, quais são os principais agentes, em nível diocesano, desta ação pastoral e evangelizadora, notadamente dirigida às famílias em situações especiais? Em primeiro lugar, há a necessidade do apoio prioritário dos Bispos:

> *"O primeiro responsável pela Pastoral Familiar na Diocese é o Bispo. Como pai e pastor, ele deve estar atento de um modo particular a este setor da Pastoral, sem dúvida prioritário. Deve consagrar-lhe uma grande dedicação, solicitude, tempo pessoal, recursos: sobretudo, porém, apoio pessoal às famílias e às diversas estruturas diocesanas"* (*Familiaris Consortio*, op. cit., n. 73).

É evidente, assim, a necessidade da aprovação pelos Bispos da implantação do Setor das Famílias em Situações Especiais e o conseqüente estabelecimento por eles das diretrizes "ao menos em seus traços e critérios gerais" (*La Pastoral...*, op. cit., 104).

Além disso, esse setor constitui uma atividade pastoral inédita, não podendo haver improvisações e experiências fáceis, que venham a frustrar os bons intentos pastorais. Ainda, como já se assinalou, trata-se de um setor de difícil evangelização, tendo os Bispos de cuidarem para que haja um equilíbrio evangélico entre a Igreja "Mãe" e a Igreja "Mestra". Ademais, os Bispos têm funções especiais e eminentes em todos os setores pastorais:

> *"O apascentamento das ovelhas em nome do Senhor... O anúncio aos homens do Evangelho de Cristo, confirmando-os na fé viva e no caminho revelado por Deus... A proposição da doutrina cristã por métodos adequados às necessidades dos tempos, às dificuldades e aos problemas pelos quais os homens se sentem oprimidos e angustiados... A transmissão da doutrina, para que ela torne sempre viva e operosa a fé para todas as pessoas... O exercício de seu ofício de pai e pastor no meio dos seus como quem serve, e, assim, ser um bom pastor que conhece as suas ovelhas"* (Decreto *Christus Dominus*, n. 1.035, 1.037, 1.040, 1.043. 1.047 e 1.049).

Outro papel importante cabe aos conselheiros ou assessores espirituais diocesanos, designados pelos Bispos para que os representem junto ao setor ou subsetores das Famílias em Situações Especiais. Esses assessores, em comunhão com os Bispos, nortearão as coordenações diocesanas nessa ação pastoral, bem como os caminhos dessa missão evangelizadora para que se possa cumprir a difícil tarefa do profícuo anúncio do Evangelho de Jesus, dos princípios e exigências morais sobre o matrimônio e a família e, também, do espírito de amor e misericórdia no acolhimento dessas famílias.

Naturalmente, deve-se requerer desses representantes especiais da hierarquia um conhecimento específico em sua formação de base, mas, também, de expressiva atualização quanto às linhas de sua atuação pastoral junto a esses casos especiais:

> *"Os pastores de almas, especialmente em seu ministério, como confessores,* conselheiros e guias espirituais, *das pessoas e dos casais, superando todo arbítrio e atendimento puramente emotivo, saibam se acercar de quem vive em situações irregulares com verdadeira fraternidade, oferecendo valorizações e indicações fundadas na fidelidade à Igreja e ao Senhor, e chegando realmente ao coração das pessoas"* (*La Pastoral,* op. cit., 14).

Sem a colaboração efetiva dos assessores espirituais haverá dificuldades na implementação desse setor e de subsetores e na produção de frutos duradouros. Sem tal apoio, não existirão condições de se atingir o desenvolvimento humano e cristão das famílias em situações especiais, nem de se chegar a diretrizes que possam direcionar essa experiência. Ainda, não se alcançará a estruturação das coordenações diocesanas, órgãos que auxiliam os assessores e põem em execução as ações pastorais delineadas.

De importância relevante, também, o papel dos Presbíteros e Diáconos, que estão mais próximos dos fiéis nas Paróquias, quanto ao dever evangélico de incentivar a comunidade eclesial no acolhimento dessas famílias e de procurar a sua inserção em ações pastorais próprias e adequadas às suas condições.

Para tanto, os membros da hierarquia que atuam nas paróquias deveriam levar em conta a necessidade de "serem maduros na ciência e que sua doutrina seja remédio espiritual para o Povo de Deus" (Pontifical Romano *De Ordinatione Presbyterorum*).

De se acrescentarem as ponderações que o venerável Concílio Vaticano II expressa aos Presbíteros e Diáconos:

> *"Uma vez, porém, que, em nossos tempos, a cultura humana e, também, as ciências sagradas progridem em um ritmo acelerado, os Presbíteros (e os Diáconos) são chamados a aperfeiçoarem, de maneira adequada e ininterrupta, seus conhecimentos divinos e humanos e a prepararem-se assim para iniciarem com mais vantagem o diálogo com os homens de hoje"* (Decreto *Presbyterorum Ordinis,* n. 1.207).

Nesse contínuo caminho em Cristo, na Igreja e nessa ação pastoral, deve-se destacar a presença necessária e efetiva dos leigos.

É evidente a relevante importância dos dirigentes leigos inseridos nas coordenações diocesanas ou paroquiais do setor ou subsetores que representam os vários tipos de famílias em situações especiais. Sua efetiva colaboração missionária é importante para a implantação e o desenvolvimento da evangelização dessas famílias, pois são aqueles que estarão mais próximos delas nas atividades concretas.

Assim, para se atingir o proposto nos princípios e diretrizes pastorais, é fundamental a participação dos dirigentes leigos, ao lado dos assessores espirituais, para a devida assimilação e colocação em prática das suas partes principais, bem como dos métodos próprios e objetivos adequados. Neste mister, terão a certeza de que realizarão um caminho de serviço e amor, correspondendo a um convite de Cristo para servi-Lo em uma tarefa de evangelização, na formação de uma comunidade de discípulos e em uma estruturação de um grupo de seguidores que estavam "como ovelhas sem pastor" (Mc 6,34):

> *"Aparecendo em nossa época novos problemas e grassando gravíssimos erros que ameaçam inverter profundamente a religião e a moral, este S. Sínodo exorta de coração todos os leigos a assumirem mais conscientemente as suas responsabilidades no aprofundamento dos princípios cristãos, na sua defesa e na adequada aplicação deles aos problemas de nossa época"* (Decreto *Apostolicam Actuositatem*, n. 1.354).

Para referendar a ação conjunta de todos os homens da Igreja, a CNBB nunca deixa de ponderar uma realidade evidente e real:

> *A missão pastoral e evangelizadora deve sempre estar alicerçada no mistério da comunhão eclesial* (*Missão e ministérios...*, op. cit., 45).

Capítulo V

Do conhecimento sobre os casos especiais

NOS tempos hodiernos, novas situações sobre a família surgiram na vida da Igreja. Ela tem sido colocada em questão, como vimos, pois, se existem muitos subsídios para a afirmação do valor da família cristã devidamente constituída, de outro lado vários fatores, de natureza orgânica ou laica, fazem aparecer um número muito grande de famílias em situações difíceis e, muitas vezes, dramáticas. Urge, assim, ações efetivas da Igreja, aliando uma conduta pastoral que coloque a missão de Cristo e, juntamente, o seu espírito de misericórdia. Isto significa viver tanto o "ensinar" como o "agir" de Jesus:

> *"A Igreja tem de ser fiel ao ideal marcado pelo ensinamento e pela vida e atitudes de Jesus: o 'ensinar' de Jesus tem de estar iluminado pelo 'agir' de Jesus"* (*La Pastoral...*, op. cit., 99).

Esses fatos levam a Igreja, como lembra o papa Paulo VI, ao dever de uma nova evangelização que "ofereça a salvação a todos os homens" (*Evangelii Nuntiandi*, op. cit., n. 27). Deve-se ousar e ter a coragem de realizar novas experiências pastorais, com prudência, discernimento e misericórdia:

> *"De uma Pastoral de conservação tem de se passar à Pastoral do 'risco', de uma Pastoral de 'redil' a uma Pastoral que busque pelos montes"* (*La Pastoral...*, op. cit., p. 100).

Deste modo, consoante acentua a CNBB, há necessidade *de conhecer a realidade familiar* por meio de estudos a respeito das situações e condições das famílias e promover as funções adequadas para as atividades tanto na formação dos casais unidos pelo Sacramento como daqueles em situações especiais (*Estudos da CNBB 65*, op. cit., 52, 55):

> *"Os Pastores (e os Leigos) são chamados a sentir a caridade de Cristo e a materna presença da Igreja junto dessas famílias e atendê-las com amor, exortando-as a confiar na misericórdia de Deus e apontando a elas, com prudência e respeito, caminhos concretos de conversão e de participação na vida da comunidade eclesial"* (*La Pastoral...*, op. cit., 18).

Todavia, estes questionamentos e ponderações devem ser tratados com compreensão e sabedoria por envolverem situações concretas de grande complexidade. Em tempos passados, a própria CNBB reconhecia essas dificuldades e nomeava essas novas situações de "Casos Difíceis" (*Estudos da CNBB 65*, op. cit., 17, 43, 44 e 55). Não havia, porém, nesta expressão, uma atitude de discriminação de parte da Igreja, mas tão-só a intenção de se assinalarem as dificuldades concretas dos homens da Igreja quanto ao estudo, à preparação e à realização de ações efetivas que viabilizassem a implantação e a estruturação dessa ação pastoral, agora chamadas, com ponderação e amor, de "Casos Especiais".

Assim, este contexto exigia um adequado discernimento e várias considerações de parte da Igreja. De início, como assinalam os Estudos da CNBB, já referidos, existia a grande preocupação com respeito à sua doutrina e magistério. Não poderia haver, no acolhimento e na participação dessas famílias na vida da Igreja, quaisquer dúvidas, erros ou confusões de parte dos fiéis. As situações de "discriminação" ou de "ufanismo" sempre existiram e marcavam o sentir de muitos homens da Igreja no sentido do não-acolhimento dessas famílias no seio da Igreja ou, então, de uma total abertura em relação a esses casos especiais, indo de encontro ao princípio da verdade.

De outro lado, todavia, a Igreja, diante destas situações especiais, tinha a efetiva consciência de que ela é a "Mãe" de todos os cristãos. Fiel ao seu mandato, queria, porém, deixar evidente que a sua ação pastoral pode ser colocada inseparavelmente na verdade e na caridade, chamando a atenção de todos para a pertença das famílias em situações especiais na sua vida e na sua missão, "na medida das condições requeridas" (Exortação Apostólica *Reconciliatio et Poenitentia*, João Paulo II, 1984, n. 34).

Todavia, diante do pioneirismo referente às ações pastorais, várias indagações e questões se colocavam aos homens da Igreja:

- O que fazer?
- Quais os critérios a adotar?
- Como se estabelecerem os seus princípios e diretrizes?
- Como agir?

O Santo Padre João Paulo II pede a todos os homens da Igreja que "saibam discernir bem as situações e tenham uma atitude de prudência no juízo sobre as pessoas" (*Familiaris Consortio*, op. cit., n. 84).

Era urgente, assim, uma pastoral de mudança do conhecimento e da mentalização dos homens da Igreja sobre esses casos especiais. Para essa atividade missionário-apostólica, quanto à oportuna tratativa das questões relativas a essas famílias, se devem levar em conta três realidades essenciais: *a verdade cristã-evangélica dessas situações, a verdade do que representam essas famílias na comunidade eclesial e a verdade dos ministérios dessas famílias na comunidade.*

São oportunas as considerações, nesse campo, do padre Clemente Sobrado:

> *"Em primeiro lugar, se deve procurar a verdade cristã-evangélica de todos aqueles que vivem suas situações 'irregulares'. É necessário se definir o que são e seguem sendo, apesar dessas situações. Senão, não se pode saber o que fazer com eles;*
> *Em segundo lugar, procurar saber o que são essas famílias na comunidade eclesial, qual o lugar que ocupam na Igreja e nessa comunidade;*
> *Em terceiro lugar, procurar saber a verdade do que essas famílias são chamadas a fazer na comunidade"* (*La Pastoral...*, op. cit., 102).

De outro lado, deve-se estar atento para o fato de que essas famílias em situações especiais apresentam uma evidente e preocupante realidade: os seus tipos não são iguais e, embora tenham um contexto sociocultural parecido, as suas motivações subjetivas e morais são diferentes. No âmago dessas famílias existe uma série de circunstâncias a serem levadas em conta, como, por exemplo: a solidão e outras dificuldades do cônjuge separado, as condições a que foram levadas as famílias monoparentais, o fato de se contrair uma segunda união em vista da educação dos filhos, o desconhecimento generalizado da importância institucional e salvífica do matrimônio e da família...

Paulatinamente, conforme foi referido na Introdução, a Igreja iniciou e caminhou na busca do atendimento ao seu dever de manter vivo o ideal evangélico sobre o matrimônio e a família, e, ao mesmo tempo, de se colocar ao serviço de todos, iluminada pelo "agir" de Jesus.

Os homens da Igreja realmente compreenderam que essa ação pastoral tem de constituir um centro de atuação urgente: tem de ser um trabalho eclesial "de hoje".

Urgia passar dos "bons desejos", das "declarações românticas" e dos "tapa-buracos" ao dever de evangelização, a uma ação pastoral concreta das distintas situações especiais vividas por inúmeras famílias. A Igreja se encaminha, com sabedoria e amor, para a busca do conhecimento e do método quanto a essas situações especiais e à procura da estruturação das ações pastorais que marquem os caminhos por onde passar a andar "de modo imediato".

Essas realidades apresentam oportunas vias para os homens da Igreja, seus Pastores, Presbíteros, Diáconos e Leigos:

Uma atitude de prudência no juízo sobre as pessoas.
Um posicionamento efetivo desprovido de preconceitos.
Uma ação de respeito e de caridade na verdade.
Um saber enxergar e discernir quanto às situações especiais.
Uma tomada de posição quanto ao método e objetivos adequados.
Um conhecimento efetivo dos casos especiais.

Capítulo VI

Do planejamento sobre os casos especiais

O conhecimento efetivo sobre determinada situação na vida da Igreja traz, como conseqüência natural, o devido planejamento quanto aos seus conteúdos, diretrizes, critérios, princípios e atividades pastorais. Quanto às ações pastorais referentes ao Setor das Famílias em Situações Especiais não poderia ser diferente. As Conclusões da Reflexão de Trabalho do Congresso do Cone Sul da Pastoral Familiar, realizado em Santiago do Chile, insistem de uma maneira veemente na necessidade do planejamento desse Setor.

É evidente que esse Setor constitui um serviço pioneiro na vida da Igreja, em que se tem um itinerário ainda pequeno, tratando-se de uma ação pastoral onde existe pouca experiência:

> *"É conveniente, assim, evitar-se cair em improvisações e experiências inconseqüentes que logo terminam em atitudes de proibição... De outro lado, não se pode negar que essa ação pastoral não é sempre fácil"* (*La Pastoral...*, op. cit., 105).

Dessa maneira, esse tipo de ação pastoral deve ser fundamentado, ao menos nos seus termos gerais, como referimos, pelo Bispo da Diocese, secundado pelo assessor espiritual. É ele quem aprova e incentiva, bem como define, as linhas de conceituação e atuação.

Como ponto de partida, o Bispo nomeará, também, os leigos responsáveis pelo Setor e, até mesmo de início, uma Coordenação Diocesana do Setor Geral das Famílias em Situações Especiais, para que se possa caminhar no conhecimento e no desenvolvimento dessa experiência e se manter um diálogo constante quanto às dificuldades, aos êxitos e fracassos. Mais ainda, também para se buscar um equilíbrio entre a verdade e a misericórdia que possa orientar o planejamento do conteúdo e da dinâmica desses casos especiais, guiando os seus passos iniciais na Diocese. É, enfim, uma tentativa de concretizar o caminho para andar, a via para a peregrinação dessas famílias na Igreja, conforme as suas condições.

Neste sentido, se deve planejar uma ação pastoral de fé que conduza ao crescimento espiritual dessas famílias, uma ação pastoral de Igreja em que os seus membros reconheçam e aceitem a participação delas na comunidade, uma ação pastoral de caridade que oriente a sua vivência pelo amor de Deus e pelo compromisso com o próximo, e uma ação pastoral de evangelização que leve a essas famílias o anúncio do Evangelho

> *"que chama a todos, que a todos convida, que a todos oferece caminhos de esperança, que não exclui a ninguém que age dentro de suas condições e possibilidades"* (ibid., 108).

Essas linhas de planejamento e evangelização devem colocar as famílias em situações especiais em contato com a Palavra de Deus para a sua vivência em suas situações concretas, para ajudar a despertar nelas uma atitude de conversão na mente e no coração, não para confrontá-las, a partir de suas situações, com a Palavra de Deus, mas para deixar que elas mesmas, a partir da Palavra, sejam iluminadas nos seus caminhos:

> *"Todo o planejamento e programa pastoral com a família deverá ter sempre como horizonte o ideal evangélico do matrimônio e a realidade como possibilidade"* (ibid., 111).

O planejamento sempre levará em conta a necessária importância do acolhimento e da co-participação dos dirigentes leigos desse setor ou dos subsetores para com essas famílias. Nisto se devem colocar todas as providências iniciais dessa ação pastoral.

Deste modo, os dirigentes, diante dos casos específicos sofridos por essas famílias, exercerão um continuado empenho de caminhar com elas, em um ambiente de tranqüilidade e paz de espírito, para procurarem seu crescimento na espiritualidade, na compreensão das suas atitudes, consoante suas condições, e na participação dos valores cristãos. Para se atingir o proposto nas diretrizes pastorais, é fundamental ainda a ajuda mútua de todos os dirigentes envolvidos nesse setor. Daí resulta a constatação da sua importância e do seu papel estratégico na preparação dos grupos, dos casais ou das pessoas (conforme o subsetor) para que vivenciem sua experiência pastoral e sua integração na vida da Igreja.

Enfim, os dirigentes leigos devem participar, tendo em vista a organização da ação pastoral e seu planejamento, junto com o assessor espiritual e a Coordenação, do novo ardor, dos novos métodos, dos novos conteúdos e de uma ação pastoral especial, que constituem os desafios da nova evangelização nos caminhos da Igreja. Assim, atenderão os homens de hoje, as suas situações excepcionais, e crescerão na maturidade que advém de um trabalho conjunto e metas comuns.

Para isso, devem se colocar aos dirigentes a crença e a convicção firmes de que são escolhidos por Cristo para se dedicarem aos membros dessas famílias e para percorrerem, juntos, um itinerário de evangelização, de conversão, de busca do crescimento e da perseverança na vida da Igreja, na família e na comunidade, de acordo com a pedagogia proposta.

A ação pastoral junto a essas famílias deve resultar ainda de um processo de planejamento e de ação no tempo:

> *"Desenvolve-se, assim, um processo dinâmico, que avança gradualmente com a progressiva integração dos dons de Deus e das exigências do seu amor definitivo e absoluto em toda a vida pessoal e social do homem. É, por isso, necessário um caminho pedagógico de crescimento"* (*Familiaris Consortio*, op. cit., n. 9).

Assim, em primeiro lugar, há necessidade de graduação no processo de planejamento e experiências pastorais, uma vez que, com referência às situações especiais, a Igreja não tem ainda, em geral, caminhos suficientes para oferecer um marco referencial. Em segundo lugar, deve-se enfatizar a graduação no trabalho concreto, pois a caminhada é ainda mais difícil para quem está vivendo essas situações objetivas e subjetivas muitas vezes dolorosas. Em terceiro lugar, deve-se fazer uma graduação de possibilidades: a graça atua de maneira distinta em cada coração e em cada situação. E, por não haver experiências sedimentadas, se exige a capacidade de criatividade no Espírito:

> *A ação pastoral da Igreja deve ser progressiva, também no sentido de que deve seguir a família, acompanhando-a passo a passo, nas diversas etapas de sua formação e desenvolvimento* (ibid., n. 65).

Capítulo VII

Dos princípios norteadores da iluminação e da estruturação dos casos especiais

DESDE o início deste livro tentamos apresentar uma série de considerações a respeito das linhas de ação pastoral sobre as famílias em situações especiais. Em primeiro lugar, o empenho na exposição, embora parcial, das causas do surgimento dessas realidades, existentes na vida da Igreja. Elas evoluem por meio de inúmeros fatos e acontecimentos que vêm, aliás, a afetar na atualidade o matrimônio como instituição e a família como fonte primeira de evangelização: são o conjunto de "luzes e sombras", consoante lembra o papa João Paulo II, na presente situação histórica da Igreja (*Familiaris Consortio*, op. cit., n. 6).

Em conseqüência, surgia a necessidade de se dar ênfase a uma nova evangelização, a um novo ardor, a novos métodos e novas vias. Passou-se, então, à análise da ação atual da Igreja quanto ao Matrimônio e aos casos especiais, mencionando-se a efetiva participação dos vários agentes de Pastoral quanto às famílias em situações especiais. A necessária procura do conhecimento sobre os casos especiais e o seu devido planejamento foram, também, ressaltados para se evitar cair em improvisações fáceis ou experiências apressadas que façam as ações pastorais terminar em situações de desânimo ou de proibição.

A evidência do caminho a seguir resulta bem clara e definida: a busca reiterada e o estabelecimento dos principais critérios de iluminação e de estruturação do Setor dos Casos Especiais, deixando, para mais adiante, a análise das linhas concretas para uma efetiva ação pastoral.

As Conclusões da Reflexão de Trabalho do Congresso do Cone Sul, já referido, *sugerem* o itinerário destas empreitadas. Para se chegar ao conteúdo desses critérios de iluminação e estruturação, deve-se levar em conta os três grandes princípios que norteiam a ação pastoral quanto às famílias em situações especiais: o salvífico, o batismal e o eclesial.

1. O princípio salvífico

Este princípio coloca a efetiva certeza de que Deus não nega a salvação a ninguém, em qualquer situação.

A idéia de Salvação traz consigo o significado de proteção, de libertação, de resgate: é um dos aspectos mais profundos da ação de Deus para com os homens. Esta realidade está sempre presente na vida da Igreja, em todos os tempos:

> *"Hoje, na cidade de Davi, nasceu para vós um Salvador, que é o Messias, o Senhor"* (Lc 2,11).
> *"Eu não vim para condenar o mundo, mas para salvar o mundo"* (Jo 12,47).

Esta evidência concreta de salvação percorre todos os livros da Bíblia: é a experiência de um povo, o Povo de Deus, em toda a sua longa história. Sempre que Israel se encontrava em qualquer fase crítica, tinha a firme convicção de que Deus o salvaria, livrando-o dessas dificuldades, "com mão segura e braço distendido". A partir dessa sucessiva proteção nas dificuldades terrenas, chegaram os nossos pais, depois de um longo tempo, à compreensão, em seu coração, de que essa Salvação transcendia os aspectos meramente físicos, atingindo o espiritual, livrando-os dos maus caminhos e conduzindo-os a um novo aprisco onde encontrariam felicidade e paz:

> *"E Javé fazia Davi ser vitorioso em qualquer lugar que ia"* (2 Sm 8,6).
> *"Neste dia Javé salvou Israel das mãos dos egípcios"* (Ex 14,30).
> *"Jerusalém, lave a maldade do seu coração para que possa ser salva"* (Jr 4,14).
> *"Eu sou Javé e fora de mim não existe salvação"* (Is 43,11).

Jesus, na plenitude dos tempos, por meio de seus ensinamentos e atos, se revela como "Salvador" (Mt 9,21 e Mc 3,4), ensinando uma nova realidade. A salvação integral do homem é a questão essencial:

> *"Hoje a salvação entrou nesta casa"* (Lc 19,9).

O Evangelho todo é um sinal de Salvação. Depois da morte e ressurreição de Jesus, a mensagem dos Apóstolos e das comunidades iniciais está sempre dirigida a essa feliz evidência:

> *"Mas Deus com sua direita o exaltou, tornando-o Senhor supremo e Salvador, para dar ao povo a oportunidade de se arrepender e receber o perdão dos pecados"* (At 5,31).
> *"Não existe salvação em nenhum outro, pois debaixo do céu não existe outro nome dado aos homens pelo qual possamos ser salvos"* (At 4,12).

Assim, Deus quer a salvação de todos os homens. Para isto Cristo veio ao mundo, foi crucificado e ressuscitou. Paulo insiste:

> *"Deus quer a salvação de todos os homens!"* (1Tm 2,4).

Este princípio salvífico, assim, vem também se concretizar na realidade de nossos dias e no direcionamento da Igreja no acolhimento, no crescimento e na realização das famílias em situações especiais. A Igreja, como Deus, acolhe a todos, sem distinção, mostrando o caminho da conversão conforme as condições requeridas:

> *"De fato, o Filho do Homem veio procurar e salvar o que estava perdido"* (Lc 19,10).
> *"A Salvação está para todo aquele que acredita, ao judeu em primeiro lugar, mas também ao grego"* (Rm 1,16).
> *"Agora, porém, vocês conhecem a Deus, ou melhor, agora Deus conhece vocês"* (Gl 4,9).

Assim, as famílias em situações especiais são também chamadas à salvação por Jesus que:

> *veio anunciar a paz a vocês que estavam longe*
> *e a paz para aqueles que estavam perto.*
> *Por meio de Cristo, podemos, uns e outros, apresentar-nos diante do Pai, num só Espírito!* (Ef 2,17-18).

---

2. O princípio batismal

O mistério de Cristo não pode deixar de nos extasiar, de nos espantar, criando uma atitude de admiração por tudo o que ele representa de infinito e absoluto:

"O espanto tinha tomado conta de Simão e seus companheiros" (Lc 5,9).

A Palavra de Deus, inserida nas Sagradas Escrituras, conduz ao oferecimento da salvação a todos os homens, sem distinção, "para ensinar, para refutar, para corrigir, para educar na justiça" (2Tm 3,16). "As maravilhas da salvação" são obras que estão colocadas em nosso meio, no tempo da Igreja, em benefício de cada homem. A efusão do Espírito Santo, no dia de Pentecostes, dá início à compreensão, por todos, dessas maravilhas:

"E cada um de nós em sua própria língua os ouve anunciar as 'maravilhas de Deus'" (At 2,11).

Estas maravilhas de Deus estão no contexto da revelação e da efetivação do desígnio divino da salvação, e se manifestam, nos tempos atuais, eminentemente através dos Sacramentos. Cristo curou, vivificou e salvou. Da mesma maneira procede com o dom e a graça dos Sacramentos. O poder salvífico de Deus insere na humanidade essas obras de salvação:

"Bendito seja o Senhor, Deus de Israel, porque visitou e redimiu seu povo e fez aparecer uma força de salvação... Ele realizou a misericórdia que teve com nossos pais, recordando a sua santa aliança e o juramento que fez ao nosso Pai Abraão" (Lc 1,68-69.72).

As obras de Jesus são as "maravilhas" dos tempos messiânicos, o cumprimento da redenção, a relação que a profecia estabeleceu entre as obras "antigas" (criadoras, libertadoras etc.) e as obras "novas", que cumprem a promessa e erigem a nova aliança e um novo tempo. Os Sacramentos estão inseridos nesta profecia, são parte da "economia da salvação", previstos e desejados por Deus.

Dentre os Sacramentos, o Batismo

"é ação criadora, verdadeira re-criação do homem, uma obra divina equivalente à criação do mundo, à encarnação e à ressurreição de Cristo. Criar significa sempre suscitar o ser onde nada existe, a vida onde há morte, a graça onde está o pecado, a luz onde há trevas" (Carlo Rocchetta, *Os Sacramentos da Fé*, Paulinas, 1991, 241).

O Batismo é o símbolo das águas nos primórdios da humanidade, o símbolo do paraíso e a inserção dos homens na Páscoa de Cristo.

"Nesse sentido, o batismo é libertação. Deus não só cria, mas também liberta. Na Bíblia, 'libertar' significa tirar o homem da situação humanamente

desesperadora, da qual nunca estaria em condições de sair por si só, para introduzi-lo em uma situação de vida nova, de liberdade e de autonomia" (id., ibid., 243).

"Aquela água (o dilúvio) representava o batismo que agora vos salva: não se trata de limpeza corporal, mas do compromisso solene de uma boa consciência diante de Deus, mediante a ressurreição de Cristo" (1Pd 3,21).

O Batismo é, pois, um mistério da salvação, um mistério da aliança com o novo Israel, estabelecendo esse vínculo com todos os homens. É um mistério trinitário, estendido a todos, inserindo-os na vida de Deus e da Igreja. Pelo Batismo, também as famílias em situações especiais são membros dessa comunidade eclesial e discípulos de Cristo:

"Portanto, vão e façam com que todas as pessoas se tornem meus discípulos, batizando-os em nome do Pai, e do Filho, e do Espírito Santo" (Mt 28,19).

Assim, pelo Batismo, todos os homens, seja qual for sua condição, renascem em Cristo, tornando-se "filhos" e passando a integrar a nova família dos filhos de Deus. A todos, bem como às famílias em situações especiais, ressoam, nos novos tempos, as palavras de Jesus:

De fato, vocês todos são filhos de Deus pela fé em Jesus Cristo, pois todos vocês, que foram batizados em Cristo, se revestiram de Cristo. Não há mais diferença entre judeu e grego, entre escravo e homem livre, entre homem e mulher, pois todos são um só em Jesus Cristo. E, se vocês pertencem a Cristo, então vocês são de fato a descendência de Abraão e herdeiros conforme a promessa (Gl 3,26-29).

---

3. O princípio eclesial

"A Igreja é Comunidade" (At 1,6-11).

O Senhor, nos Atos dos Apóstolos, insiste na valorização da Comunidade, começando por assinalar a sua importância na vida dos homens como uma expressão de comunhão, de partilha e de serviço. E Ele estabelece uma missão, convocando todos os discípulos como seus instrumentos para o anúncio e a expansão do Reino de Deus:

"Sereis minhas testemunhas em Jerusalém, em toda a Judéia e Samaria, e até os confins da terra" (At 1,8).

Deste modo, esta tarefa missionária deve ser cumprida em comunidade, mandando Jesus a todos, juntos, para a execução dessa missão (Mt 10,7). Apresentou ainda o Espírito Santo como o fundamento e a força para o desenvolvimento desse múnus:

> *"Será derramado outra vez sobre nós um Espírito que vem do alto. Então o deserto se tornará um jardim, e o jardim será considerado um bosque"* (Is 32,15).

A Igreja é, assim, o Povo de Deus, uma realidade comunitária em marcha de Jerusalém a Roma e aos confins da terra. É o novo Israel que caminha, no tempo presente, em busca da futura cidade perene: "Aprouve a Deus santificar e salvar os homens, não singularmente, mas constituí-los num povo que O conhecesse na verdade e santamente O servisse" (Const. Dogm. *Lumen Gentium*, n. 9). É, também, o Corpo Místico de Cristo: a Igreja-Comunhão, evangelizadora, missionária e ministerial, consoante os dons recebidos e as condições requeridas:

> *"Como todos os membros do corpo humano, embora muitos, formam contudo um só corpo, assim também os discípulos de Cristo"* (1Cor 12,12).

Em decorrência, as famílias em situações especiais também são chamadas a se inserir na vida da Igreja e convocadas a ser sementes nos campos do Senhor, fazendo parte do Corpo Místico de Cristo "segundo a atividade que lhes for determinada, para o engrandecimento de todo o corpo" (Ef 4,16).

A Igreja é, assim, um projeto de Deus na História da Salvação. As palavras proferidas por Gamaliel são proféticas. O projeto era de Deus e nada conseguiu aniquilá-lo no tempo (At 5,34-39):

> *"Desde a origem do mundo a Igreja é prefigurada. Foi admiravelmente preparada na história do Povo de Israel e na Antiga Aliança. E foi fundada nos últimos tempos pela efusão do Espírito Santo. E, no fim dos tempos, será gloriosamente consumada"* (Const. Dogm. *Lumen Gentium*, n. 2).

A Igreja é, também, a Serva de Deus. A sua história e a sua vida devem se orientar para essa missão:

> *"A Igreja é uma constituição serviçal, não secundária mas essencial, não marginal mas central, não acidental mas substancial, não acessória mas constitutiva: a Igreja é Serva de Deus"* (Santos Sabugal, *A Igreja Serva de Deus*, Paulus, 1997, p. 80).

Todos os nossos antepassados foram chamados por Deus para ser "os seus servos" (Gn 22,1-4.18; 26,2-6; 46,3-5; Ex 4,10; Js 1,1-9; Am 3,7 e Jr 7,25). Mais ainda... Não somente os Patriarcas, chefes e guias espirituais são designados desta maneira. Também o Povo de Israel é nomeado como "servo de Deus":

> *"Minhas testemunhas são vocês, vocês são os meus servos, aqueles que escolhi"* (Is 43,10).

Deste modo, todos os membros das comunidades apostólicas, em todos os tempos, são designados como "servos de Deus Pai" (Tt 1,1; Tg 1,1 e Jd 1,1). Igual serviço eles oferecem a Jesus Cristo na qualidade de "servos livres" (Cl 4,12; 2Pd 1,1 e Fl 1,1).

As famílias em situações especiais, também na condição de discípulos, são chamadas a manter viva a consciência do projeto de Deus, a ser "servas de Deus" e a realizar os seus serviços como uma expressão presente na Igreja:

> *E seus filhos, que ainda não sabem, ouvirão e aprenderão a temer Javé, o Deus de vocês, todos os dias em que viverem na terra!* (Dt 31,13).

Capítulo VIII

Dos critérios de iluminação das linhas de ação pastoral

TODO o contexto anteriormente apresentado levou-nos a uma reflexão sobre as causas da instabilidade dos casais e das famílias, a decorrente necessidade de uma nova evangelização, a ação da Igreja com referência a esses fatos, a presença dos agentes de Pastoral e o efetivo discernimento para o conhecimento e planejamento dos casos especiais.

Uma vez ultrapassadas essas etapas, os caminhos seqüenciais se mostravam bastante claros: a busca sistemática do estabelecimento dos critérios de iluminação e de estruturação desse Setor da Pastoral Familiar, alicerçada pelos três princípios norteadores, para, posteriormente, se chegar à viabilização das linhas de uma ação pastoral adequada, gradual e progressiva. Todas essas providências evoluirão para resultados concretos de desenvolvimento e realização das famílias em situações especiais no seio da Igreja, evitando-se, assim, as experiências "fáceis" que trazem, como conseqüência, o desânimo dos agentes ou a proibição da hierarquia.

O próximo passo será colocar em prática as linhas de ação pastoral, as quais conduzirão à definição do conteúdo e da dinâmica do setor e dos subsetores e às Diretrizes Gerais Diocesanas e Nacionais dos Casos Especiais. Esta seqüência, e mencionando-se somente como uma imagem, ocorreu, concretamente, com a Experiência Comunitária dos Casais em Segunda União, da Diocese de Jundiaí, chegando-se, após todas as etapas mostradas, à definição, como um serviço e sugestão, dos princípios, critérios, linhas de ação e diretrizes desta ação pastoral na Diocese, através de uma sucessão no tempo, que vai para 10 anos.

Neste capítulo, a nossa principal ocupação será a procura do estabelecimento dos Critérios Iluminadores das Linhas de Ação Pastoral e das Diretrizes Gerais sobre os Casos Especiais. Para se chegar a atingir esse desiderato, são necessárias algumas indicações sobre os meios utilizados que nortearam o nosso discernimento para a realização dessa tarefa.

Como já foi referido na Introdução, os instrumentos principais destas colocações (e das demais já feitas ou a serem expostas neste livro) são as experiências, apreendidas pelos autores, no Congresso do Cone Sul da Pastoral Familiar, realizado em Santiago do Chile, nas suas Conclusões da Reflexão de Trabalho sobre o tema "A Pastoral das Famílias em Situações Irregulares", no livro de igual título, editado pelo CELAM, que guiou os passos dos Congressistas, em vários Congressos Setoriais e Nacionais da Pastoral Familiar, promovidos pela CNBB, e na Caminhada da Experiência Comunitária do Setor de Casais em Segunda União, da Diocese de Jundiaí, da qual os autores participaram como casal encontrista, casal-piloto, casal coordenador e, atualmente, como casal assessor leigo diocesano. Mas, em primeiro lugar, na confiança serena e irrestrita no Espírito do Senhor, que vela, continuamente, pelos homens, caminhos e campos da Igreja.

Consoante essas experiências e as luzes do Espírito Santo, os critérios de iluminação das linhas de ação pastoral e dos caminhos ulteriores sobre o Setor das Famílias em Situações Especiais se manifestam por meio de três importantes realidades: a doutrina-vida de Jesus, a comunidade cristã e as situações concretas.

1. A doutrina-vida de Jesus

Sem dúvida, como condição essencial desses critérios iluminadores das linhas de ação pastoral da Igreja em relação às famílias em situações especiais, colocam-se os ensinamentos e a vida, "o ensinar" e "o agir" de Jesus. E, sobre esses fatos, se devem ter idéias claras e definidas.

Em primeiro lugar, a ação pastoral da Igreja em todos os campos, bem como no Setor das Famílias em Situações Especiais, deve levar ao anúncio do Evangelho e do Magistério Eclesial:

> *"A Igreja não é livre. Não pode atuar ao arbítrio de uma pessoa ou segundo as opiniões da maioria. Para a Igreja, são a palavra, a vontade e o exemplo de Jesus os critérios de valorização. A eles deve ater-se a 'práxis' da Igreja"* (*La Pastoral...*, op. cit., 90).

Assim, a Doutrina e o Magistério da Igreja têm de seguir os ensinamentos de Jesus sobre o ideal do Matrimônio cristão (a unidade do casal, a fidelidade entre os cônjuges e a indissolubilidade da sua união sacramental). Não se poderia ser pastoralmente fiel à Igreja e às famílias em situações especiais com o emprego de atitudes que ocultem essa verdade evangélica. A observância e o seguimento da "práxis" de Jesus devem ser o posicionamento fundamental da Igreja e dos vários agentes de Pastoral. Cristo estabelece, com suas próprias palavras, o ideal do matrimônio como instituição:

> *"Desde o início da criação, Deus os fez homem e mulher. Por isso o homem deixará seu pai e sua mãe e os dois serão uma só carne. Portanto, o que Deus uniu, o homem não deve separar"* (Mc 10,6-9).

Jesus, ao ser interrogado pelos doutores da lei (bem como por todos os atuais "doutores"), não entra em discussões legais, em situações particulares, mas, sim, em fatos concretos que constituem um marco de referência. A Igreja tem de seguir esta atitude, devendo mostrar, com real empenho, que o Matrimônio como sacramento e a sua indissolubilidade não são bens de que possa dispor a seu gosto. O Matrimônio é um dom e uma graça que recebeu de Jesus e, para administrar esse bem, a Igreja deve afirmar com clareza que "não é lícito ao homem separar o que Deus uniu". As palavras do papa João Paulo II são bem firmes:

> *"A comunhão conjugal caracteriza-se não só pela unidade, como também pela indissolubilidade. É dever fundamental da Igreja reafirmar vigorosamente a doutrina da indissolubilidade do matrimônio... Deus concede a indissolubilidade matrimonial como fruto e exigência do amor absolutamente fiel que Deus Pai manifesta pelo homem e que Cristo vive para com a Igreja"* (*Familiaris Consortio*, op. cit., n. 20).

As famílias em situações especiais devem ser orientadas, com todo discernimento, toda sabedoria e todo amor, a apreender e respeitar os ensinamentos do Mestre e da Igreja quanto a essas asserções.

Todavia, o princípio da verdade, que informa essa ação da Igreja, o "ensinar" de Jesus, é complementada pelo "agir" de Jesus, pelo princípio da misericórdia. Há 3 mil anos, nos tempos de Davi, os Salmos já afirmavam:

A verdade e a misericórdia se completarão! Salmo 85 ([84],11)

Cristo demonstra claramente, de um lado, a necessidade da perfeita observância da indissolubilidade do matrimônio (Mt 19,6 e Mc 10,9). É o Princípio da Verdade a informar os caminhos do cristão e, seguindo no mesmo passo, das famílias em situações especiais. De outro lado, Jesus salienta a importância da Igreja se mostrar acolhedora e misericordiosa em relação a todas as situações e, em igual direcionamento, com essas famílias: é o Princípio da Misericórdia. O papa João Paulo II ensina de modo idêntico, nomeando, de maneira efetiva, esses referidos princípios como "os dois princípios complementares" (*Reconciliatio et Poenitentia*, op. cit., n. 34).

No Evangelho, assim como os exemplos do critério da verdade, também são inúmeros os da misericórdia: Jo 4,5ss. (A Samaritana), Jo 8,3ss. (A Mulher Adúltera), Mc 6,34 (As Ovelhas sem Pastor), Lc 15,3ss. (A Ovelha Perdida), Lc 15,11ss. (O Filho Pródigo), e tantos outros. Assim, a Igreja, seguindo "o ensinar" e "o agir" de Jesus, mostra a todos, e também às famílias em situações especiais, como pontos fundamentais, esses dois valores evangélicos: "o teológico" (a verdade da exigência da indissolubilidade do Matrimônio e a reafirmação do Matrimônio como Sacramento) e "o pastoral" (a presença da misericórdia em todas as situações, também nas especiais:

> *A Igreja não pode pôr em discussão a palavra de Jesus sobre o princípio da indissolubilidade do matrimônio nem tampouco pode cerrar os olhos diante do fracasso de muitos matrimônios (ou outras situações especiais). Sempre, ali onde os homens vivem de forma não adequada com respeito à vida da salvação, Jesus foi ao seu encontro misericordiosamente, com grande compreensão para essa situação. Também na possível falha ou culpa Ele abre o caminho para se chegar à conversão para uma nova vida* (*La Pastoral...*, op. cit., 92).

2. A comunidade cristã

O segundo critério de iluminação, que também deve informar qualquer planejamento de uma ação pastoral para com os casos especiais, reside na comunidade local como agente de evangelização dessas famílias.

Como passo inicial, a comunidade deve ser o primeiro espaço a vivenciar o Matrimônio como Sacramento. Compete aos seus membros fazer visível em suas vidas o ideal do Matrimônio e a família cristã:

"A Igreja (e a Comunidade), todavia, se não quiser atraiçoar a mensagem de Jesus, não pode construir uma ordem jurídica ou viver situações concretas que possam fazer resultar como coisa normal ou como uma legítima reivindicação as situações especiais" (ibid., 95).

Ainda, a comunidade cristã, se adentrar em um itinerário de ação pastoral junto às famílias em situações especiais, será sempre considerada por elas um sinal da verdade e da misericórdia de Deus, como paradigmas do viver real dos ensinamentos e do agir de Jesus. Os membros da comunidade não só deverão trazer a palavra de Jesus a elas e procurar levá-las ao crescimento da espiritualidade, à aprendizagem do diálogo e do amor, à aceitação de uma vida na verdade de suas condições, como também ser o próprio exemplo de busca de uma vivência cristã. A partir destas considerações, a comunidade deveria indagar a si mesma:

- A sua vivência na esperança e no empenho em uma caminhada cristã, o conhecimento e aprendizado da fé, esperança e amor, como pessoas ou casais, a participação em Movimentos e Pastorais de Igreja, tudo isto ocorre em espírito e verdade?
- Tudo aquilo que os membros da Comunidade têm "lido", "meditado" e "aprendido", colocam em prática na vida individual ou do casal?
- O empenho em levar palavras e mensagens a muitos, até às famílias em situações especiais, revela, verdadeiramente, um amor em suas ações ou só fariam isto por um mero "dever" evangélico?
- Os membros da Comunidade sabem falar do amor. Mas *vivem o amor?* Estão verdadeiramente no seio da Igreja e da Comunidade?
- Os membros da Comunidade vivem realmente o ideal do matrimônio cristão e procuram entender o que ele representa em suas existências?

Assim, se não viverem a verdade da sua atuação na Igreja, se não adorarem a Deus em espírito e verdade, os membros da Comunidade e os responsáveis por determinada ação pastoral, que estão mais próximos daqueles a quem serão dirigidas as linhas dessa ação, não conseguirão fazer com que estes acreditem na santidade e na beleza do Sacramento ou que possam procurar transformar, um dia, a sua união natural em sacramental. Para aquelas situações especiais que não estejam vivendo um Matrimônio, não farão que aceitem em seus espíritos que o Matrimônio cristão possa expressar um ideal para sua vida e ser defendido ou buscado. Sempre se deve ter em mente aquele velho ditado popular: "As palavras convencem, mas os exemplos arrastam!"

A comunidade cristã, de outro lado, pode ter muitos campos de presença pastoral: presença que acompanha e vive a preparação do Matrimônio ou segue de perto os novos casais unidos sacramentalmente; presença de apoio aos divorciados que seguem fiéis à fidelidade do Matrimônio existente ainda em sua vida, mas, também, presença de ajuda e do exemplo pessoal a todos aqueles que vivem outras situações especiais.

Além disso, a comunidade, ao mesmo tempo em que tem de conservar a fidelidade ao ensinamento do Senhor, pode, com seu testemunho de vida, procurar ser *a família de quem vive uma condição especial de família.* Essas famílias em situações especiais têm de aprender, saber e sentir que a Igreja e a comunidade os amam e que estão disponíveis "na medida do coração de Cristo":

> "*O Novo Testamento não usa o termo 'fraternidade' em abstrato, mas fala freqüentemente dos discípulos de Jesus como 'irmãos'... A fraternidade é aberta e quer acolher a todos os seres humanos e não faz discriminação. 'Deus não faz acepção de pessoas!' (At 10,34)...O Concílio Vaticano II reafirma a fraternidade como característica essencial da vida cristã. A Igreja, novo povo de Deus, é descrita como corpo de Cristo, una na variedade dos membros, os quais todos têm a mesma dignidade... O anúncio da Comunidade eclesial é anúncio de fraternidade...* Pode-se dizer que a própria comunidade cristã deve ser ela mesma anúncio!" (*Diretrizes Gerais da ação evangelizadora da Igreja no Brasil*, Documentos CNBB 71, Paulinas, 2003, n. 114, 115, 117, 133 e 134).

Além disso, a Igreja não pode se limitar a somente denunciar os possíveis erros, mas também, consoante a Exortação Apostólica *Familiaris Consortio*, a procurar fazer uso dos meios mais adequados para que as comunidades locais possam ser o suporte das pessoas e casais que vivem as situações especiais. A Igreja, assim, deve convidar a todos que têm responsabilidades pastorais para um esforço concreto de atenção aos fatores que poderiam causar conseqüências difíceis ou dolorosas, também àqueles que provêm da própria comunidade eclesial.

Enfim, toda a comunidade cristã é convidada a um especial empenho em relação aos que vivem uma situação especial, tendo presente:

A solidariedade de toda a comunidade.
A importância da virtude da misericórdia que respeita a verdade do matrimônio.

A confiança na lei de Deus e nas disposições da Igreja, que protege amorosamente o matrimônio e a família.
Um espírito animado pela esperança (ibid., 39-40).

3. As situações concretas

Deste modo, a ação pastoral referida tem como missão o uso do discernimento e da criatividade para colocar o ideal evangélico do Matrimônio às pessoas ou aos casais em situações especiais.

Para isto, os dirigentes desta ação pastoral devem compreender que Deus se encontra em cada pessoa *ali onde ela está e na condição em que vive.* Em decorrência, a compreensão e as ações para com essas famílias têm de levar em conta as realidades pessoais e concretas de cada situação.

O primeiro cuidado se dirige ao costume arraigado em muitos dirigentes de se procurar insistir, de modo imediato, junto às famílias em situações especiais, na urgência da afirmação das verdades fundamentais sobre o Matrimônio como instituição ou do princípio da indissolubilidade do casamento, na reprovação dos matrimônios naturais ou de outras situações individuais "de erro", como, por exemplo, as famílias constituídas por pais ou mães solteiros. Isto não implica ir de encontro à verdade cristã do Matrimônio, mas a maneira de se levarem tais realidades a essas famílias.

As já referidas Diretrizes Gerais são bem explícitas no cuidado da pedagogia do anúncio:

> *"Não se trata de vencer pelo 'argumento da autoridade'... As pessoas querem se convencer pessoalmente; querem discutir, refletir, avaliar, ponderar os argumentos a favor e contra determinada visão, doutrina e norma... Portanto, o evangelizador deve ter consciência de que, mesmo em se tratando da Boa Nova,* não pode 'impor', *nem receberá audiência fácil, mas deverá esforçar-se para persuadir o ouvinte* pelo testemunho de vida e por uma argumentação sincera e rigorosa, *que estimula no interlocutor a busca da verdade, respeitando, porém, a sua liberdade de escolha"* (*Diretrizes Gerais...*, op. cit., n. 97-98).

E complementam essas Diretrizes:

> *"Importante também é ressaltar que as pessoas não buscam em primeiro lugar as doutrinas, mas o* 'encontro pessoal, o relacionamento solidário e fra-

terno, a acolhida'. *O 'encontro' é o primeiro dom ou carisma que o Espírito Santo concede às pessoas e* é ele, Espírito Santo, o protagonista da missão, aquele que chega primeiro. *O cristão, portanto, deve dar grande valor ao encontro com as pessoas, atento a discernir os sinais que o Espírito Santo está pedindo dele e da pessoa que encontra"* (ibid., n. 99).

Além disso, a mensagem do Deus da vida deve procurar ser transmitida na linguagem "de hoje" devido a tantas mentalidades mal formadas ou tendenciosas, levadas pelo teor de "informações" colocadas propositadamente nessa direção.

Inúmeras pessoas ou casais de nossos dias não entendem mais a "linguagem" de outros tempos. Sua compreensão do mundo e dos valores é diferente das colocações e da pedagogia cristã propostas anteriormente. Não que estas estejam erradas, mas o fato é que há necessidade de uma nova "linguagem" pastoral que as pessoas, na atualidade, sejam capazes de apreender:

> *"Os símbolos, que os nossos pais ainda compreendiam, se tornaram enigmas para os filhos... Perante tal situação, uma das tarefas mais importantes da teologia (e dos Agentes Pastorais) é encorajar e formar uma linguagem pastoral que as pessoas ou homens de hoje compreendam"* (Renold J. Blank, *Escatologia da pessoa*, Paulinas, 3ª ed., 47).

Hoje se verifica uma enorme série de mudanças culturais e religiosas, como refere o Congresso do Cone Sul, já citado, que, de alguma maneira, alteram tanto a compreensão do Matrimônio como a qualidade de vida pessoal ou conjugal. Não se podem esquecer as mudanças, por exemplo, levadas a cabo na idéia de mulher, de esposa, de mãe, dos trabalhos fora do lar, do conceito de pessoa, de liberdade e independência, levando ao individualismo e ao subjetivismo, a intenções pessoais de satisfação própria. Para muitas pessoas e casais de mentalidade "moderna", cria-se a impressão de que a imagem do Matrimônio e de casal, colocada pastoralmente pelos homens da Igreja, com a insistência mais na sacramentalização do que na evangelização, não responde mais aos seus anseios e à sua compreensão, à sua atual realidade existencial.

Muitas pessoas estão tomando atitudes de banalização da vida, ou então se deixam levar pela ilusão de "sofismas" sobre a insignificância do Matrimônio, vivendo, daí, uniões experimentais, uniões livres e de outros tipos. Como agir diante destas situações concretas da vida? Como falar com essas pessoas sobre as verdades de Jesus, sobre o absoluto, quando se vive somente o relativo?

"São essas pessoas, em primeiro lugar, que esperam do teólogo (e de todos os Agentes Pastorais) um discurso ou palavras que respondam às suas experiências concretas e existenciais" (id., ibid., 47).

Muitas vezes ou quase sempre, a prudência, o discernimento, o bom conselho e a sabedoria (virtudes do Espírito do Senhor) e a vivência das situações concretas do Matrimônio e da família são o que podem convencer essas pessoas. Assim, os dirigentes cristãos terão pela frente, em sua mente e em seu coração, muitas perguntas e questionamentos para essa ação pastoral, que deverão ser compreendidas e vivenciadas no tempo:

1. *"Que idéias nos parecem mais urgentes para serem propostas quanto à ação pastoral junto às famílias em situações especiais?"*
2. *"Que passos deveriam ser dados para fazer da Comunidade o primeiro Agente pastoral nessas situações?"*
3. *"Qual o processo pastoral que pode criar uma verdadeira mentalidade de indissolubilidade sacramental?"*
4. *"Qual seria o processo de aproximação dessas pessoas ou casais para os colocar em uma atitude ou processo de conversão?"*
5. *"Como fazer crível a essas pessoas ou casais o amor salvífico de Cristo e da Igreja?"* (*La Pastoral...*, op. cit., 63)

Neste passo, como preclaros membros da comunidade, é de enorme importância *o modo efetivo de abordagem* que os Presbíteros e os Diáconos, tão próximos aos fiéis, dispensarem aos membros das famílias em situações especiais que costumam freqüentar as cerimônias litúrgicas na igreja paroquial, principalmente as missas e homilias. Alguns membros da hierarquia local costumam colocar as pessoas, casais e famílias nestas condições em um plano de esquecimento ou de omissão. Elas se sentem alijadas da Igreja. Ainda que tenham partido, em determinado momento, para caminhos outros que poderiam ter ferido o Matrimônio sacramental, os membros dessas famílias não renunciaram ao seu batismo e à sua fé: apesar de tudo, *elas amam Cristo e a Igreja,* que continuam a ser importantes em sua vida.

Ainda mais... Alguns dos componentes da hierarquia não procuram desenvolver o necessário conhecimento e discernimento no sentido da *adequada linguagem e das ações* referentes a essas famílias. Nas homilias, não costumam usar de ponderação nas suas colocações e não levam em conta a presença delas na assembléia. Além disso não procuram adaptar as verdades de fé às suas concepções laicas e "modernas", de maneira que possam apreender a mensagem cristã, proferida com a simplicidade da sabedoria e do coração de Cristo.

É evidente, como acentua o papa João Paulo II, que a Igreja tem como tarefa fundamental a defesa intrépida das verdades de fé e do Matrimônio como Sacramento. Mas a firmeza com que se colocam esses ensinamentos deve estar aliada à misericórdia, à sabedoria, ao bom conselho, ao "agir" de Jesus. Como já lembrado, diante daqueles que só compreendiam a religião como um conjunto rígido e sistêmico de regras ou mediante interpretações erradas e "modernas" para a época, Cristo não entrava em asserções legais ou colocações de verdades áridas, mas expunha um raciocínio justo, baseado em fatos concretos e simples, adaptado às condições humanas e culturais daquelas pessoas e que constituem um marco da verdadeira evangelização em todos os tempos.

Em conseqüência, se o comportamento e as atitudes de muitos membros da hierarquia enveredarem pelos caminhos da ausência de cuidadosos critérios no trato com essas pessoas, como podem eles transmitir aos dirigentes leigos ações repletas de ponderação e serenidade diante de seus trabalhos junto às famílias em situações especiais?

Assim, é importante que todos os homens da Igreja (hierarquia e dirigentes leigos) ajudem *a construir e a viver* uma ação pastoral ponderada, sábia e "na medida do coração de Cristo":

> *"As recomendações ou atitudes da Igreja devem se situar mais em um plano de 'Pastoral de evangelização' do que em um plano de 'Pastoral de soluções imediatas'... E isso parece* essencial e fundamental! " (ibid., 44)

Neste passo, estas delicadas realidades continuam a afetar, na atualidade, o Matrimônio como Sacramento, levando ao crescimento, *em grande número,* destas situações. Como abordar esses fenômenos?

O bispo de Zipaquirá, na Colômbia, Dom Jorge Enrique Jiménez Carvajal, presidente atual do CELAM, resume, em uma feliz síntese, as atitudes de uma ação pastoral autêntica sobre os casos especiais:

Caridade no gesto... Fidelidade à doutrina... Misericórdia na acolhida. CARIDADE NA VERDADE (ibid., 5).

Capítulo IX

Dos critérios de estruturação das linhas de ação pastoral

UMA oportuna questão, que poderia estar presente na mente dos leitores, merece ser acentuada neste momento: por quê, na explanação dos princípios norteadores e dos critérios de iluminação das linhas de ação pastoral (assim como irá acontecer, neste capítulo, quanto aos Critérios de estruturação), parece que há muitas "repetições" de circunstâncias que foram mencionadas anteriormente? A resposta é simples: essas aparentes "repetições" têm um significado definido e lógico.

Os princípios norteadores e os critérios de iluminação e de estruturação se constituem no alicerce, no centro, no tripé de sustentação, de todos os assuntos colocados (a nova evangelização, a ação da Igreja e agentes pastorais, o conhecimento e o planejamento), e daqueles a serem considerados posteriormente (as espécies das famílias em situações especiais e as suas linhas de ação pastoral), bem como, em um futuro próximo, das Diretrizes Gerais Diocesanas e Nacionais sobre esses casos especiais. Por isso, é evidente que, em qualquer momento de tratativa daquelas matérias, serão necessariamente mencionados e "repetidos", em uma ou outra parte, vários tópicos daqueles princípios e critérios. Estes são, assim, o fundamento de todas as questões sobre os casos especiais.

Poder-se-ia, para maior clareza, apresentar uma comparação, embora modesta, com os ensinamentos do Mestre, colocados na plenitude dos tempos: eles parecem que se "repetem" em todo o transcurso da História da Salvação, pois se tratam do alicerce e do centro dos fatos e acontecimentos ocorridos em todos os tempos. Isto porque Jesus é o "ontem, o hoje e o amanhã", o fundamento da Igreja, consoante a sábia máxima reafirmada no lema episcopal do atual bispo de nossa Diocese, Dom Amaury Castanho: "*Fundamentum Christus Jesus*".

Apresentadas essas considerações iniciais, serão detalhadas, de agora em diante, as realidades concernentes aos critérios de estruturação das linhas de ação pastoral quanto às famílias em situações especiais:

1. Uma mudança de mentalidade

De início, há três realidades essenciais que devem ser sempre lembradas (cf. *La Pastoral...*, op. cit., 102):

- *A verdade cristã-evangélica dessas situações*: se não se sabe o que são e seguem sendo essas famílias, como saber o que fazer com elas?
- *A verdade do que representam essas famílias na comunidade eclesial*: que lugar ocupam elas na Igreja?
- *A verdade do ministério dessas famílias na comunidade*: não têm elas atividades comuns ou próprias na comunidade?

Diante disto, *há necessidade de uma nova mentalidade.*

É verdade que a Igreja, em nível de Magistério, produziu certa mudança de entendimento: até há pouco tempo muitos membros dessas famílias eram considerados "pecadores públicos", "concubinos", "infames"... Não se pode esquecer que *a Pastoral eclesial tinha sido, durante muito tempo, alheia e até indiferente a essas situações especiais*. Existia o medo de se defraudar, enganar, os que "estão bem" no seio da Igreja, com a possibilidade de se criarem "erros", "confusões" ou "desorientações" quanto à indissolubilidade do Matrimônio sacramental.

Enfim, havia o eventual perigo da interpretação errada, pela comunidade, acostumada a outro "juízo moral" na perspectiva das verdades perenes da Igreja.

❖ O que se tem de fazer, então?

Começar por uma mudança de pensamento nos distintos níveis da Igreja:

a) *dos Bispos, Sacerdotes e Dirigentes*: há urgência de eles assumirem e anunciarem o desafio e o dever do acolhimento, com coragem e amor, dessas famílias. Devem insistir no posicionamento de que, conforme ensina João Paulo II (*Familiaris Consortio*, op. cit., n. 79/84), não se deve fazer juízo moral das pessoas, mas das situações. Enfim, entrar sem demora na perspectiva do Santo Padre, procurando responder e ensinar "qual a verdade cristã quanto a essas famílias diante do Evangelho"!
b) *da Comunidade*: há urgência da procura imediata de uma conversão à sua missão de recuperar a Pastoral Familiar como uma Pastoral normal da comunidade, inserindo nela o setor e os subsetores das famílias em situações especiais, aceitando o desafio e o dever do acolhimento e do convite a uma caminhada de Igreja. Assim, *deve-se buscar a integração de toda a Igreja* no acompanhamento dessas famílias, na tentativa de dar a elas a resposta do serviço eclesial, da verdade e misericórdia diante do Evangelho.

Há, assim, uma efetiva necessidade de uma ação pastoral de mentalização da comunidade. É imprescindível fazer dela a verdadeira responsável por essas famílias. Estas só poderão encontrar um apoio moral e evangélico na comunidade local:

> *"Só a Comunidade poderá ser esse espaço de fé em que elas possam crescer e amadurecer"* (*La Pastoral*..., op. cit., 103).

Tais posicionamentos e atitudes não podem ficar à espera de que as famílias em situações especiais venham até a hierarquia, aos dirigentes ou à Comunidade (*a Igreja como Templo*), mas devem ensejar "o andar" ao encontro ou junto delas (*a Igreja como Tenda*), inserindo-as na co-participação da experiência concreta rumo à Casa do Pai.

2. Uma ação pastoral planejada

É evidente que uma ação pastoral quanto às famílias em situações especiais é um serviço pioneiro, em que se tem um caminhar ainda pequeno. É conveniente, assim, *evitar-se cair em improvisações fáceis e em experiências inconseqüentes,* que logo terminam em atitudes de frustração, abandono ou proibição.

De outro lado, não se pode negar que essa Pastoral não é sempre fácil e "a Igreja tem de buscar o equilíbrio evangélico entre a 'Igreja Mãe' e a 'Igreja Mestra' (ibid., 105).

Deste modo, existe a segura constatação de que esse tipo de ação pastoral deve ser bem fundamentada, ao menos nos seus traços gerais, pelo Bispo da Diocese, secundado pelo assessor espiritual.

O Bispo é sempre o primeiro responsável pela Pastoral Familiar, a que, como padre e pastor, "deve prestar particular solicitude" (*Familiaris Consortio,* op. cit., 73): é quem aprova e incentiva, também, essa ação pastoral junto às famílias em situações especiais, bem como define as linhas de sua conceituação e atuação.

Como ponto de partida, o Bispo nomeará alguns responsáveis leigos e, mesmo, uma *Coordenação Diocesana dessa ação pastoral*, para que se possa iniciar a experiência e manter um constante diálogo para se ir percebendo e cuidando das dificuldades, dos êxitos e dos fracassos.

Mais ainda... Para se buscar o equilíbrio entre a misericórdia e a verdade, devem-se buscar as vias para um planejamento do conteúdo e da dinâmica dessa ação pastoral que possam guiar e desenvolver os seus passos no seio da Diocese.

É, enfim, a tentativa de elaborar "o caminho para andar"... "a via para a peregrinação"...

3. Uma ação pastoral não-especializada

Uma ação pastoral para com as famílias em situações especiais *não pode ser independente*, necessitando estar integrada com a Pastoral Familiar. Ela, também, tem como meta a evangelização dessas famílias.

São vários os motivos desta orientação:

(a) em primeiro lugar, ninguém quer ser identificado a partir de sua peculiar situação, *ninguém quer ser discriminado* a partir de um fato "negativo" em sua vida;

(b) em segundo lugar, sob o ponto de vista cristão, não se pode tratar de uma "Ação Pastoral de Pecadores", mas de uma "Ação Pastoral de Batizados". Os membros dessas famílias também são parte integrante da Igreja pelo Batismo: a "irregularidade" de sua situação só poderá ser devidamente entendida e atendida *a partir da verdade do seu Batismo*;

(c) em terceiro lugar, em vez de grupos "homogêneos", que sejam identificados como "irregulares", *é mais evangélico integrar essas famílias comunitariamente*, dentro da sua condição e nos ministérios possíveis;
(d) em quarto lugar, há a necessidade de se fazer que o setor e os subsetores dos casos especiais *rompam o seu elitismo*, propiciando à comunidade inteira a experiência salutar e cristã dos diferentes membros, cada um colaborando no testemunho e no crescimento conjunto.

É claro que isto não poderá impedir, segundo a natureza dessas condições especiais, um tipo de itinerário peculiar, uma experiência comunitária definida, que leve a uma via de evangelização e conversão apropriada, tendo-se em conta os objetivos pretendidos. Porém, "sempre evitando que essas famílias se sintam segregadas do restante dos fiéis ou que queiram se tornar uma Igreja inteiramente separada dos demais" (*La Pastoral...*, op. cit., 106).

A Pastoral Familiar é o órgão que deverá tomar todas essas providências e todos esses cuidados. Respeitando as características próprias, *forjará a soma de todas as forças vivas existentes nos diversos tipos de famílias, para a maior afirmação e expansão do Reino de Deus e da Igreja.*

4. Uma ação pastoral de evangelização

A ação pastoral junto às famílias em situações especiais *deve ser mais de evangelização que de sacramentalização.*

Não se trata de colocar em dúvida o valor dos Sacramentos, mas mostrar que eles são *um "meio" de salvação e não uma "condição" de salvação.* Deus oferece outros caminhos de conversão para muitos dos membros dessas famílias.

Essa ação pastoral *não pode ter a intenção de levar, de modo imediato, aos Sacramentos aqueles que podem eventualmente recebê-los, nem a de facilitar o seu acesso para as pessoas ou casais que, consoante suas condições, não possuem essa aptidão,* mas a de tentar criar, de início, a formação de uma mentalidade evangélica, clara e definida, sobre o mistério sacramental da Igreja.

Neste sentido, se deve planejar:

- *uma ação pastoral de fé*: o compromisso e o crescimento, por essas famílias, na fé;
- *uma ação pastoral de Igreja*: o devido reconhecimento por essas famílias como membros da Igreja, com os mesmos compromissos eclesiais do Batismo e com o direito-dever de participação na comunidade;

- *uma ação pastoral de caridade*: a redescoberta, por essas famílias, do amor de Deus, da valorização do amor conjugal em qualquer situação de sua atual vivência e do compromisso do serviço aos irmãos;
- *uma ação pastoral de evangelização*: a aceitação da Boa Nova de Jesus

  "que chama a todos";
  "que a todos convida";
  "que a todos oferece caminhos de esperança";
  "que não exclui a ninguém que age dentro de suas possibilidades" (ibid., 107-108).

❖ Quais as linhas de ação dessa evangelização?

i. colocar as famílias *em contato com a Palavra de Deus*, proclamando-a em sua vida e em suas situações concretas;
ii. ajudá-las a se deixarem *interpelar por essa Palavra*, a única capaz de despertar nelas uma verdadeira atitude de conversão da mente e do coração;
iii. não começar por confrontá-las, a partir de sua situação, com a Palavra de Deus, pois podem encontrar obstáculos. Iniciar por confrontá-las *a partir da interioridade de seus corações*, o que logo fará com que elas enderecem a Palavra para suas situações concretas;
iv. não entrar em confrontações racionalistas sobre a sua situação especial. Deixar que *elas mesmas, a partir da Palavra, sejam iluminadas em seus próprios caminhos*.

Não se trata de dissimular ou camuflar o verdadeiro ideal do matrimônio, senão que elas descubram sua verdade a partir de Deus e procurem viver ou imitar esse ideal em sua vida! (ibid., 109).

---

5. Uma ação pastoral de salvação

É uma conseqüência do critério anterior. Não se trata da desvalorização do valor salvífico dos Sacramentos, *mas de se estabelecer a sua verdadeira dimensão*. A dificuldade ou impossibilidade de acesso dessas famílias aos Sacramentos *não deve significar uma negativa das suas possibilidades de salvação* a partir do coração misericordioso de Deus.

Essas famílias devem conhecer esses fatos, já que, de ordinário, identificam salvação à recepção dos Sacramentos. Há necessidade de não se esquecer que a ação evangelizadora da Igreja tem sido *mais sacramental que de evangelização,* mais cultural que de compromisso.

As sábias palavras do papa João Paulo II devem iluminar a vida de todas as famílias em situações especiais:

> *"A Igreja está firmemente convencida de que também quem se afastou do mandato do Senhor e vive essa situação pode obter de Deus a graça da conversão e da salvação se perseverarem na oração, na penitência e na caridade!"* (*Familiaris Consortio...*, op. cit., n. 84).

Enfim, é fundamental fazer sentir a essas famílias que *Deus as ama apesar da sua situação.* Isto significa abrir-lhes a esperança e, portanto, elas se sentirão menos afastadas da Igreja. Seu "fracasso" matrimonial ou outra situação especial em que vivem não devem ser entendidos como o "fracasso" total de seu Batismo nem de sua fé, os quais, ainda que feridos, podem ser sanados pela evangelização e pela conversão.

Deus *não nega a salvação a ninguém* em qualquer situação que se encontre:

O Amor de Deus é maior que a nossa debilidade.
O Amor de Deus é maior que os nossos fracassos.
O Amor de Deus é maior que os nossos pecados.
(*La Pastoral...*, op. cit., 110)

---

6. Uma ação pastoral da família possível

Em um texto já mencionado, João Paulo II é bem claro, pedagógico e essencialmente pastoral sobre esse assunto:

> *"Para todas as famílias a Igreja terá palavras de verdade, de bondade, de compreensão, de esperança, de viva participação em suas dificuldades, às vezes dramáticas. Oferecerá a todas a sua ajuda desinteressada a fim de* que possam acercar-se do modelo de família *que tem desejado o Criador desde o princípio e que Cristo marcou com a sua graça redentora"* (*Familiaris Consortio...*, op. cit., n. 65).

Todo planejamento e todo programa pastorais para essas famílias deverão ter sempre como horizonte:

"O ideal evangélico do matrimônio."
"A realidade como possibilidade."
(*La Pastoral...*, op. cit., 111)

O fato de vários membros dessas famílias não possuírem (ou terem deixado ou não poderem atingir) o ideal pleno do matrimônio cristão, não afasta a infinita possibilidade desta vivência em suas situações:

"Aqui não se pode jogar 'uma Ação Pastoral' do tudo ou do nada!" (ibid., 111).

O *ideal pleno, assim, tem de seguir sendo o ideal de todos.* Só poderá chegar a ser "a família possível" aquela que não se encerra em sua "realidade de hoje", mas se abre ao "ideal pleno", comum a todas as famílias.

Não se pode pensar, todavia, que existem diferentes modelos de família, senão que muitas, dadas as circunstâncias e situações, se vêem dificultadas de realizar o ideal pleno e verdadeiro de família. Porém, sem renunciar a ser a família possível!

Deste modo, cada uma das situações existentes nas famílias em situações especiais pode oferecer muitas dificuldades, mas, também, tantas possibilidades pastorais para a Igreja:

Cada família se encontra em distintas etapas do caminho. Etapas que não podem ser a norma, porém, de alguma maneira, condicionam a resposta para ser a família ideal, A FAMÍLIA POSSÍVEL, que Deus quer! (ibid., 112).

---

7. Uma ação pastoral de revalorização do Matrimônio natural

Primeiramente, uma observação: com uma posição reiterada de que "para o batizado não existe outro matrimônio que o sacramental", o que se verifica é a desvalorização quase total do "matrimônio natural, não-sacramental".

Ao se negar o devido valor ao matrimônio não-sacramental, dá-se a impressão de que o Batismo nega a ordem simplesmente natural. Não se pode esquecer que a graça não destrói a natureza:

"O sobrenatural pressupõe o natural *e, quando o natural desaparece, o sobrenatural fica sem uma base fundamental em que se sustentar.* Não é em vão que Deus se encarna no natural, assume o natural e o revaloriza" (ibid., 114).

A desvalorização do natural tem favorecido a fragilidade do vínculo matrimonial, incluindo o sacramental.

❖ Por quê?

Em primeiro lugar, porque *a experiência religiosa do Sacramento é ordinariamente muito pobre na maioria das famílias.* Se elas não encaram com seriedade o vínculo natural, como poderão viver nelas, cotidianamente, a indissolubilidade das uniões ali existentes?

Em segundo lugar, quando a isto se soma a mentalidade de que a união natural não é indissolúvel, a família *fica sem quaisquer recursos de defesa da estrutura natural* e com a força do sacramental muito pobre.

Em terceiro lugar, porque surge a idéia de que a fidelidade e a indissolubilidade são exclusivas da sacramentalidade, *o que poderia implicar o falso entendimento de que a indissolubilidade é só para as uniões sacramentais*:

> *"A sacramentalidade constitui o fundamento último, ainda que não o único, da indissolubilidade do matrimônio"* (ibid., 114).

Há de se lembrar, ainda, que mesmo *as perspectivas puramente sociais se fundamentam, igualmente, na indissolubilidade*:

> *"O matrimônio, antes que Sacramento, é uma realidade antropológica, um acontecimento humano. Suas qualidades e exigências não devem ser buscadas em uma perspectiva estranha ao homem, senão no homem mesmo, em cuja entranha Deus escreveu sua própria vontade. Só compreenderemos o Sacramento do matrimônio quando tivermos compreendido a riqueza e as dimensões humanas do matrimônio"* (Matrimonio cristiano, para que?, Borobio, p. 38, citado no livro *A Pastoral das Famílias em Situações Irregulares,* 115).

Não se deve esquecer o princípio de que "a graça não destrói a natureza". *Se não há capacidade, atitude, mentalidade natural de indissolubilidade, a graça terá de fazer milagres no coração humano.* Se um casal chegar ao altar sem exercer, anteriormente, o espírito de seriedade, fidelidade e indissolubilidade na sua vivência natural e no seu namoro, como entenderá e o que fará com a união sacramental? Ou então, nesta perspectiva, como se conseguirá que os membros das situações especiais possam pensar em viver esse mesmo espírito de fidelidade e indissolubilidade nas suas situações ou em celebrar uma união sacramental quando as condições "requeridas" permitirem tal passo?

Portanto, urge uma Pastoral Familiar que procure fortalecer *a consciência das qualidades antropológicas do Matrimônio.* Isto ajudaria em uma maior compreensão da sua natureza e das suas qualidades essenciais: unidade, fecundidade, estabilidade e indissolubilidade.

E, deste modo, se faz necessária, na ação pastoral para qualquer família em situação especial, a conscientização, no seu interior, das qualidades humanas de uma união natural bem como de seus marcos importantes e semelhantes à união sacramental: a unidade, a fecundidade, a estabilidade e a indissolubilidade. Se essa ação pastoral não conseguir que para esta família seja importante a realidade humana do amor conjugal, *como poderá cumprir a missão de sua vivência e de sua defesa?*

Tudo isto fará resultar e consolidar a correta compreensão da valorização da união sacramental pela valorização da união natural!

---

8. Uma ação pastoral de causalidade

As pessoas ou casais pertencentes a determinada situação especial podem ser classificados em grupos básicos, como se verá adiante. Mas, mesmo dentro de cada grupo, conforme a cultura, a formação e os costumes, *a situação de cada um é diferente.*

Nesta evidente visão, o pedido e a insistência do Santo Padre aos pastores e à comunidade eclesial "em serem diligentes no conhecer todas as situações e as suas causas concretas, caso por caso" (*Familiaris Consortio*, op. cit., n. 81).

Além disso, não basta somente conhecer os casos individuais, mas também *os condicionamentos sociais e culturais do meio em que a família se move.* Sobretudo, assistimos hoje a uma sociedade em constantes mudanças e pluralista, com todas as suas preocupantes conseqüências.

O Congresso do Cone Sul, como já referido, estudou e apontou *as causas mais imediatas que estão afetando, na atualidade, o Matrimônio como insti-*

tuição e que propiciam o aparecimento das famílias em situações especiais, desde as de natureza mais orgânicas, até as resultantes de fatos mais laicos: a mentalidade pós-moderna, a crise cultural, a degeneração dos costumes, as desinformações, a relatividade da moral, a legislação permissiva, a influência dos meios de comunicação social etc. Até, lamentavelmente, a formação insuficiente dos cristãos de parte da Igreja, questão de que se falará, especificamente, mais à frente.

❖ De tudo isto vêm os questionamentos:

- Um casal se une, formando uma situação especial: Por quê? Qual a sua responsabilidade? Como se comportaram anteriormente? Qual a preparação que tiveram? Qual o meio em que vivem? Quais as influências que receberam? Até quando dura essa união?
- Quanto às demais pessoas que formam, também, famílias em situações especiais, também existem preocupantes indagações: Qual o propósito de seus atos? Qual a meta de suas vidas? Quais os ambientes em que vivem? Que influências recebem? Existe realmente um ideal, encarado com seriedade e perseverança?

Por isso, deve-se levar em conta uma ação pastoral que procure *apontar e responder* às causas que estão provocando essas situações.

Uma ação pastoral de causalidade... É também para isto que todas as ações pastorais têm de se direcionar. Conhecer a realidade concreta das pessoas ou casais não significa que se condicione o ideal cristão do Matrimônio a partir dela, mas que se entenda que *esta realidade questiona a pedagogia pastoral* e exige, ademais, *uma atitude de respeito à pessoa considerada de modo concreto*, e não de modo abstrato.

Assim, essas famílias em situações especiais se sentirão mais facilmente confiantes no Senhor, *no mesmo estilo da Samaritana:*

Foi-me dito tudo o que tenho feito! (Jo 4,39)

---

9. Uma ação pastoral diferenciada

Embora pareça que as situações especiais são iguais e tenham um contexto sociocultural semelhante, *as suas motivações subjetivas e morais podem ser diferentes.*

O papa João Paulo II (cf. *Familiaris Consortio,* op. cit., n. 81, 84). distingue uma série de circunstâncias qualificadoras:

- uma opinião pública que menospreza a importância institucional do matrimônio e da família;
- a solidão e outras dificuldades do cônjuge separado, especialmente o inocente;
- o esforço sério de muitos para salvar o primeiro matrimônio;
- o fato de se contrair uma segunda união em vista da educação dos filhos;
- o posicionamento de se contrair uma união natural tendo como fundamento de sua ação um espírito de seriedade, fidelidade e perseverança etc.

O Santo Padre pede aos Pastores para saberem discernir bem as situações (cf. ibid., n. 84).

De todo modo, isto espera dos homens da Igreja e de uma ação pastoral sobre os casos especiais:

Uma atitude de prudência no juízo sobre as pessoas.
Um posicionamento desprovido de preconceitos.
Nisto Jesus é de grande luz: Ele não ignora a realidade da pessoa, porém não a julga nem a condena.
Uma ação de respeito e caridade: saber enxergar, examinar e sentir as situações e os métodos adequados para o seu encaminhamento. (*La Pastoral...*, op. cit., 119)

---

10. Uma ação pastoral gradual

"Por graduação se entende todo um responsável processo de planejamento, ação, respostas e possibilidades concretas." (ibid., 119-120).

Ela adquiriu grande importância e foi consagrada em uma ação pastoral sobretudo a partir da Exortação Apostólica *Familiaris Consortio* (op. cit., n. 9 e 65-70).

Em primeiro lugar, há uma urgente necessidade de *graduação no processo de planejamento e experiências pastorais,* uma vez que, com referência às situações especiais, a Igreja ainda não tem caminho suficiente para oferecer um marco referencial objetivo.

Este fato obriga a Igreja e a comunidade cristã a traçarem um caminho para andar, sem renunciar a caminhar por medo de equívocos:

> *"Nunca fará um caminho quem não se põe a dar os primeiros passos"* (*La Pastoral...*, op. cit., 120).

Em segundo lugar, é de se enfatizar *a graduação no trabalho concreto e nas respostas*. Não se pode olvidar que também se tem de apontar a essas famílias um caminho de conversão. *Todos têm consciência do que custa a própria conversão*. Mais difícil ainda será para quem já está vivendo em situações objetivas e subjetivas difíceis e dolorosas.

Isto impõe uma ação pastoral gradual... de paciência... a mesma paciência de Deus que respeita os ritmos de conversão... *paciência com esperança ou esperança com paciência!* A pressa pode mostrar mais a vaidade do agente de pastoral que um verdadeiro zelo apostólico...

Em terceiro lugar, há *a graduação de possibilidades*: a graça atua de maneira distinta em cada coração e diferente é a resposta de cada pessoa ou de cada casal nas famílias em situações especiais. É imprescindível saber *andar no mesmo passo deles e de suas possibilidades*.

Em quarto lugar, *a graduação de solução dos problemas*. Trata-se de um critério de pedagogia:

> *Saber dizer as coisas em seu momento certo, da maneira mais oportuna!* (ibid., 122).

---

11. Uma ação pastoral de risco evangélico

Pelo fato de se carecer de experiências guias e sedimentadas, há necessidade de se "aprender fazendo".

Isto, é lógico, vai pôr à prova:

- a capacidade de criatividade no Espírito;
- a capacidade de riscos sem medos e com liberdade de espírito que nos oferece o Evangelho (cf. ibid., 122).

A fidelidade à doutrina não pode significar nem medo nem a fuga do risco pessoal. *A verdade não paralisa o fazer*. Evangelicamente, não é preferível "o risco de equívocos fazendo-se algo do que a ausência de equívocos não fazendo nada"? A parábola dos talentos é clara neste sentido...

Ainda é de se lembrar: *risco e prudência não se contradizem!* Santo Tomás de Aquino define a prudência como a virtude que se refere aos meios utilizados e que diz "como devemos fazer o que devemos fazer". Quer dizer, *a prudência não é a virtude do medo que reflui o fazer, senão a virtude que nos faz fazer:*

A prudência é o amor que escolhe,
um amor à própria verdade,
ou à própria ação que empreendemos.
E SE CUIDA DO QUE SE AMA! (ibid., 123).

---

12. Uma ação pastoral de autocrítica

As causas da existência das famílias em situações especiais *nem sempre deverão ser buscadas nas estruturas legais, econômicas ou culturais. Tampouco só na malícia e na maldade* daqueles que se vêem imersos naquelas condições.

A Igreja costuma ser mais crítica das falhas que vêm de fora que de si mesma, de suas estruturas e de seu modo de agir. Ela levanta mais facilmente a voz quando as legislações civis podem significar um risco, um perigo para a sua viabilidade. Isto não significa que não tenha ela a obrigação de proceder assim. Todavia, *a Igreja é mais lenta em se questionar quanto ao processo de evangelização e formação de seus fiéis,* para que eles possam enfrentar aquelas realidades e os erros conseqüentes.

Deste modo é de se perguntar:

- Se a Igreja trata com sinceridade a preparação para o matrimônio.
- Se a Igreja está mais preocupada com *"as exigências da validade canônica"* do que com a *"frutuosidade sacramental"*.
- Se a Igreja tem feito alguma coisa séria e efetiva quanto ao que se coloca na Exortação Apostólica *Familiaris Consortio*, de n. 66 a 68, sobre *a planificação de uma ação pastoral orgânica e progressiva.*
- Se a Igreja propicia uma *verdadeira coordenação entre família-escola-catequese* tanto no conteúdo como na formação de critérios e mentalidade.
- Se a Igreja tem feito alguma coisa com *uma Ação Pastoral de Acompanhamento* das famílias em situações especiais ou casos especiais (cf. ibid., 124).

❖ Quais as conclusões e recomendações?

- Começar por fazer algo... Declarações já existem demasiadas... Faltam agora os fatos... Os documentos sobre o assunto são necessários, mas, sem a práxis, descambam sempre em "lirismos fáceis"!
- Criar a consciência de não se excluir ninguém do serviço pastoral, notadamente as famílias em situações especiais, que constituem sessenta por cento das famílias existentes na América Latina, segundo criterioso levantamento do CELAM, em 1998!
- Criar novos serviços adequados à ajuda e à integração dessas situações na Pastoral Familiar em geral!
- Criar um posicionamento de evangelização em toda a comunidade paroquial, já que se trata de uma ação pastoral de "contato pessoal"!
- Criar uma Coordenação organizada com os demais serviços pastorais que oferecem grandes momentos de encontros para famílias!
- Caminhar para um critério fundamental: *querer fazer algo e fazê-lo já*!

É de se lembrar sempre que as famílias em situações especiais

---

Participam do sacerdócio comum dos fiéis!
Participam da realeza batismal do Povo de Deus!
Participam do dom profético no Reino de Deus!
(*La Pastoral...*, op. cit., 126)

Capítulo X

Dos tipos de famílias em situações especiais

ESTAMOS percorrendo, neste livro, um caminho ao mesmo tempo difícil e pleno da ação de Deus, tentando oferecer uma visão geral sobre o Setor das Famílias em Situações Especiais, inserido na Pastoral Orgânica nomeada "Pastoral Familiar".

Passamos, neste itinerário, pelas referidas fases sobre a nova evangelização, a ação da Igreja e dos agentes pastorais, o efetivo conhecimento e o necessário planejamento do Setor dos Casos Especiais. Na seqüência, chegamos às reflexões quanto aos princípios norteadores e aos critérios de iluminação e estruturação de uma ação pastoral para essas famílias.

Estes princípios e critérios foram colocados, de maneira proposital, no centro desta obra, para se seguir a sua própria natureza: eles são o alicerce e o fundamento de todos os segmentos anteriores e dos imediatamente posteriores. Estas etapas importam, por sua vez, no estabelecimento dos tipos de famílias em situações especiais, das linhas de ação pastoral a eles referentes e na decorrente inserção do Setor dos Casos Especiais na Pastoral Familiar.

Depois destas considerações iniciais, o presente trabalho tratará imediatamente da apresentação dos tipos de famílias em situações especiais. Para tanto, todavia, haverá necessidade de três ordens de ponderações:

1. A conceituação de Pastoral Familiar, de Famílias em Situações Especiais e do método de diferenciação entre as atividades evangelizadoras da Igreja;
2. A efetiva classificação dos tipos de Famílias em Situações Especiais;
3. A colocação decorrente das ações pastorais adequadas.

1. A conceituação de Pastoral Familiar, de Famílias em Situações Especiais e do método de diferenciação entre as atividades evangelizadoras da Igreja

1.1. A conceituação de Pastoral Familiar

Comecemos pela tentativa de conceituação de Pastoral Familiar. Esta primeira providência é necessária por dois motivos: 1. Para o conhecimento e prática das atividades evangelizadoras gerais e comuns dos setores desta Pastoral, bem como dos objetivos e métodos próprios de cada um deles (pré-matrimonial, pós-matrimonial e as situações especiais); 2. Para o estabelecimento de sua natureza, tendo em vista a clara diferenciação entre a Pastoral Familiar (e seus setores) e as demais atividades evangelizadoras na vida da Igreja.

❖ Neste passo, o que se entende por Pastoral Familiar?

A própria CNBB nos apresenta um conceito bem nítido:

"Pastoral Familiar é uma ação que se realiza na Igreja, com a Igreja e pela Igreja, de forma organizada, planejada e revisada, empreendida por Agentes específicos e com metodologia própria, tendo como objetivo a evangelização da família, oferecendo os elementos necessários para sua formação, orientações para a vivência conjugal e familiar, levando a todos a Boa Nova do Sacramento do Matrimônio e capacitando a pequena célula a ser transformadora da sociedade e missionária no seio da Igreja" (*Estudos da CNBB 65*, op. cit., 17-18; *Introdução à Pastoral Familiar*, Comissão Episcopal Regional Sul 1, Santuário, 1990, 25-26, e *Como organizar a Pastoral Familiar? – Subsídios para a organização e dinamização da Pastoral Familiar*, Paulus, 19-20).

❖ Quais são, pois, os seus elementos e a sua missão?

Para permanecer em uma enumeração definida e concisa, utilizaremos o resumo efetuado pela própria CNBB (cf. *Estudos da CNBB 65*, op. cit., 18):

- uma evangelização com acompanhamento permanente ao longo da vida familiar dos esposos e filhos;

- a formação da família em bases sólidas, à luz dos ensinamentos e valores evangélicos, da doutrina e espiritualidade da Igreja, para que seja efetivamente uma comunidade de pessoas;
- a vivência sacramental do matrimônio;
- a transformação da sociedade: a sociedade é formada de pequenas células que são a família e a família bem constituída, para renovar a sociedade;
- a formação de famílias sólidas, com senso de justiça, solidariedade e fraternidade;
- a evangelização de uma família real, concreta, inserida num lugar e num tempo, numa Igreja e numa cultura, com condições de vida própria;
- uma evangelização nas realidades cotidianas da vida, tendo como centro o lar e a experiência de comunhão aí vivida;
- um agente iluminador e iluminado quanto às demais atividades evangelizadoras da Igreja.

A Pastoral Familiar, assim, tem dimensões próprias:

"Educação para o amor em suas dimensões de afetividade, convivência e constância; a espiritualidade conjugal e familiar; a educação na fé; a vivência e a defesa do Sacramento do Matrimônio; a paternidade responsável e a transmissão da vida... O sujeito e o agente da Pastoral Familiar é aquele que vive a vida conjugal e familiar!" (ibid., 19-20).

Assim, são seus objetivos específicos, entre outros:

"ajudar os casais no crescimento e amadurecimento no amor conjugal; na vida em matrimônio como aliança eclesial; na vida da sexualidade de maneira humana e cristã; na paternidade responsável e no planejamento familiar; na assunção do seu compromisso apostólico, decorrente do batismo; na educação da família para o amor, estima e promoção de vida; na ajuda à família no processo educativo de seus filhos; no desenvolvimento da fraternidade, partilha e responsabilidade; na ajuda à família em viver o Evangelho; na reflexão sobre a problemática e a missão da família à luz do Evangelho; na vivência dos valores perenes da família na vida da Igreja; na preparação dos jovens para o Sacramento do Matrimônio e a vida futura; na descoberta dos valores e ideais familiares vividos por Grupos comunitários; na promoção à integração com outras Pastorais etc." (ibid., 21-22).

1.2. A conceituação de Famílias em Situações Especiais

Há necessidade, em segundo lugar, de uma tentativa de conceituação desses casos especiais para que se possa estabelecer os diversos tipos dessas famílias. Os autores buscaram, para tanto, as sábias lições de Pe. Jaime Fernández Montero:

> *"Famílias em Situações Especiais são todas aquelas que se encontram em situações concretas que diferem das 'famílias ideais' alicerçadas pelo ideal pleno do matrimônio cristão, que estão em caminhos fora da referência normal de família tal como Deus a criou, ou seja, como pai e mãe unidos em um matrimônio sacramental e vivendo um habitual ritmo de comunidade. Enfim, todas aquelas que se apartam da 'referência normal' dimensionada pelo Sacramento do Matrimônio devido a fatos e circunstâncias intencionais ou acidentais"* (*Pastoral Familiar – Manual, Famílias em Situações Especiais*, Vicaría para la Família, 1998, 1-2)

A Igreja, a partir da referida Exortação Apostólica *Familiaris Consortio*, de João Paulo II, coloca todas essas realidades de situação aflitiva em que se encontram essas famílias, fazendo isto com a intenção de lhes oferecer uma ajuda eficaz por meio de uma atividade pastoral adequada:

> *"Quando examinamos, a essa luz, a realidade de nossa pastoral (da Igreja), damo-nos conta de que existem enormes vazios que precisam desaparecer ou ser preenchidos pela vida cristã"* (ibid., 3).

São necessárias, assim, muitas providências:

> *"A ação pastoral da Igreja deve ser progressiva, também, no sentido de que deve seguir a família, acompanhando-a, passo a passo, nas diversas etapas de sua formação e desenvolvimento"* (*Familiaris Consortio*, op. cit., n. 65).

Como chegar ao estabelecimento dos tipos desses casos especiais, a partir do conceito apresentado? As considerações para tanto serão apresentadas no momento próprio, alicerçadas nas experiências, nas leituras e nas co-participações referidas anteriormente e, mais ainda, na ação do Espírito Santo que as faz frutificar em planos pastorais adequados, apesar dos instrumentos usados.

1.3. O método de diferenciação quanto às atividades evangelizadoras

Antes, porém, de se atingir a classificação dos tipos de famílias em situações especiais, ainda resta uma importante referência: a necessidade de se estabelecer o método de diferenciação entre todas as atividades evangelizadoras da Igreja, a fim de que não haja "confusões", "repetições" ou "dúvidas" entre elas.

Para tanto, os autores entendem, com toda a vênia, que se deve partir para duas ordens de consideração: 1. a importância do conhecimento dos métodos e objetivos próprios de cada ação pastoral, para que determinada pastoral orgânica não cause "fatores redundantes" e "conflitantes" no seio da comunidade eclesial; 2. a apresentação, *como sugestão*, do método de diferenciação entre as atividades evangelizadoras.

1.3.1. A importância do conhecimento dos métodos e objetivos próprios

Não seria demais a insistência na procura do conhecimento das espécies de pastorais orgânicas (por exemplo, a Pastoral Familiar, a Pastoral Social, a Pastoral da Saúde, a Pastoral Vocacional etc.), bem como dos conceitos, elementos, propriedades, princípios e critérios, objetivos e métodos, que regem os seus conteúdos e dinâmicas. Todas as Pastorais são complexas e só a prudência serena e a prática diligente das experiências de uma vida eclesial podem fazer com que se evitem aquelas "confusões", "intromissões" e "a marcha lenta" que causam um evidente prejuízo no pleno desenvolvimento da ação evangelizadora da Igreja. As pastorais orgânicas devem ser "órgãos iluminadores e iluminados", que dêem e recebam as experiências definidas e especializadas de cada uma delas. Cada pastoral orgânica tem a sua dimensão própria, seus métodos e objetivos respectivos, suas ações, seus fundamentos e características. Como tratamos neste trabalho mais especificadamente da Pastoral Familiar, usaremos de objetivas referências a ela para a ilustração de todas essas tratativas:

> *"A Pastoral Familiar (e as outras Pastorais Orgânicas)* precisa estar em consonância com a Pastoral de Conjunto, *para ser um fator de discernimento comunitário e uma possibilidade concreta de crescimento na Igreja em sua fidelidade à verdade de Deus".*
> *"A Pastoral Familiar é uma Pastoral complexa e abrangente, que trata da família em suas múltiplas dimensões, exigindo-se dela* um profundo inter-relacionamento com as demais Pastorais" (*Estudos da CNBB 65*, op. cit., 19)

E insistindo em uma referência anterior:

"A Pastoral, mesmo associada a outras Pastorais, *tem dimensões próprias: educação para o amor em suas dimensões de afetividade, consciência e cons-*

tância, a espiritualidade conjugal e familiar, a educação na fé, a vivência do sacramento do matrimônio, a paternidade responsável e a transmissão da vida etc." (ibid., 19).

Se pudéssemos resumir todas essas asserções, faríamos a seguinte ponderação: basta de "amadorismo" no seio da Igreja; ela precisa de ação "profissional". Por ausência necessária de "amadorismo" não se entende a falta do amor verdadeiro, mas, sim, muitos posicionamentos advindos dos "achismos", dos "sentimentalismos", das "meias verdades"; por ação "profissional" não se entende agentes pastorais que se movem por meio de interesses de projeção e de chefias, ou que esperam recompensas dos homens e de Deus, mas pessoas que se empenham de mente e coração no conhecimento e na missão de transmitir, com madura responsabilidade, as "coisas" da Igreja e de Deus.

Assim, aparece muito evidente a importância da procura do conhecimento e da prática, pelos agentes pastorais, dos métodos e objetivos específicos de determinada pastoral orgânica.

São oportunas, neste sentido, as palavras de Pe. Jaime Fernández Montero quando se refere ao Setor das Famílias em Situações Especiais:

> *"As diversas formas de serviço de que necessitam essas famílias em dificuldades exigem que a Igreja, ao preparar seus Agentes Pastorais, tenha em conta que os* deve especializar para que estejam capacitados para oferecer uma ajuda específica. *É conveniente valorizar os múltiplos serviços dos Agentes Pastorais, porém convém ter em conta* a formação de Agentes especializados para uma planificação pastoral integral.
>
> *No geral, em suas instâncias ordinárias, a ação pastoral, que a Igreja oferece atualmente às famílias que sofrem de algum desses problemas referentes às situações especiais, não pode se diferenciar da ajuda que se dá a todas as famílias:* "A falta de especialização fere a sua eficácia!
>
> *Sem embargo, existem outras instâncias, próprias de uma Pastoral especializada ou de instituições de beneficência, que oferecem um tipo de serviço de forma mais efetiva. Para evitar a duplicação de esforços e a perda de tempo precioso naquilo que se refere* à solução de problemas específicos – sociológicos, sociais, ecumênicos – que afetam a família, convém se apoiar nas Instituições e Pastorais que se especializam em serviços próprios.
>
> *A Pastoral Familiar deve estar atenta para enviar quem a ela recorre, se for o caso, a outras instâncias especializadas"* (*Pastoral Familiar – Manual*, op. cit., 58).

1.3.2. O método de diferenciação entre as atividades evangelizadoras

A evidência da necessária consonância da Pastoral Familiar (e de qualquer pastoral orgânica) com a Pastoral de Conjunto resta definida e clara. A CNBB é explícita nesta colocação, como já vimos anteriormente. Inúmeros autores e a própria experiência pastoral e evangelizadora da Igreja apontam para esta realidade para que não ocorram "confusões", "dúvidas" e "a demora" da comunidade eclesial no seu planejamento e na sua atividade missionária.

Assim, toda Pastoral Orgânica (Pastoral Familiar, Social etc.), que tem por finalidade uma atividade evangelizadora da Igreja, deve levar em conta os seus objetivos e métodos específicos de especialização, para colocá-los em prática devidamente como também agir em consonância com as outras pastorais, realizando e vivendo a Pastoral de Conjunto da Igreja.

A preocupação do Apóstolo Paulo, ao enviar a primeira Carta aos Coríntios, constituiu-se, em grande parte, nas notícias concretas de divisão dos grupos naquela comunidade, movidos por "um espírito de superioridade" de um setor sobre os outros. Estes fatos se corporificavam, efetivamente, na tentativa de imposição da "importância" de determinada Pastoral sobre as demais, sem atenção à unidade, à solidariedade, ao conjunto, e pela ausência de um organograma concreto de co-participação e auxílio mútuos. Paulo procurava afastar o perigo da ação evangelizadora "paralela" ou "desorganizada" reinante naquela comunidade.

Tais fatos não são diferentes nos dias de hoje *e uma ação pastoral solidária está sendo continuamente solicitada e incentivada*. A evangelização, compreendida como uma ação pastoral de conjunto, coloca-se (consoante os textos apresentados) como um anseio, uma urgência e um fato a serem reconhecidos e concretizados pela comunidade eclesial.

Assim, a Igreja "deve ter uma atividade missionária, profética, acolhedora, participativa e co-responsável" (*Missão e Ministérios*..., op. cit., 114-125).

Não é mais possível, deste modo, a existência de Pastorais "fechadas", com os dirigentes e demais componentes voltados para si mesmos, sem erguer os olhos ao redor. O papa Paulo VI já alertava:

> *"Essas tensões internas, que debilitam e dilaceram algumas Igrejas, desapareceriam diante da convicção de que* a salvação das comunidades locais se conquista pela cooperação na obra missionária" (Mensagem para o Dia Mundial das Missões, in *Insegnamenti* X, n. 522).

De todo esse contexto, resulta evidente e clara a necessidade do entendimento correto do conceito de Pastoral de Conjunto e de pastorais orgânicas, que indica o método de diferenciação entre elas e, também, entre as respectivas pastorais orgânicas. Elas não têm o mesmo significado.

Comecemos pela exata compreensão do que significa "Pastoral de Conjunto" e "Pastorais Orgânicas". O atual bispo da Diocese, Dom Amaury Castanho, na reunião do Conselho Diocesano de Pastoral, realizada no dia 17 de maio de 1997, apresentou, de maneira oportuna, ao discorrer sobre o assunto, as suas conceituações:

> *"Por Pastoral de Conjunto se entende a atividade eclesial que realiza, de um modo efetivo, a integração total de todas as forças vivas da Diocese ou das Paróquias, que tenham como objetivo a atividade pastoral e evangelizadora da Igreja. E, por integração total, compreende-se a busca e a realização da plena unidade dessas diversas ações pastorais existentes na Diocese ou nas Paróquias. Forma-se, assim, uma eficiente Pastoral de Conjunto que, sem ferir os objetivos e métodos próprios de cada atividade evangelizadora em si e os seus 'múnus' pastorais característicos, afasta 'as linhas exclusivistas' de determinadas Pastorais Orgânicas que levam às divisões, omissões e confusões devido à concentração equivocada em assuntos que não são de sua especialidade. Enfim, tudo isso pode se traduzir na falta de entendimento, de organicidade, de espírito comunitário, à ausência de um desenvolvimento progressivo, ordenado e eficaz das ações pastorais e evangelizadoras da Igreja".*
>
> *"As Pastorais Orgânicas se constituem, deste modo,* nas integrações parciais *das forças vivas da Diocese ou da Paróquia,* dentro dos seus campos específicos de atuação *na ação pastoral e evangelizadora geral da Comunidade Eclesial. Portanto, essas integrações parciais fazem ativar e fluir, com sucesso e de forma ordenada e progressiva, a integração total de todas essas forças, resultando na Pastoral de Conjunto da Diocese ou da Paróquia".*

Em igual entendimento se posiciona Dom João Bosco Oliver de Faria, insigne bispo da Diocese de Patos de Minas:

> *"Alguns escritos usam, às vezes, a expressão* Pastoral de Conjunto *(para se referirem à Pastoral Familiar). Tem mais força a expressão:* Pastoral Orgânica, pois as duas expressões não têm o mesmo significado..."
>
> *"Numa* Pastoral de Conjunto, *as diversas Pastorais fazem o seu trabalho obedecendo às orientações do Pároco ou do Bispo.* Mas se desconhecem em sua ação. *Um Agente de determinada Pastoral não sabe ou não se interessa*

pelo que faz um outro agente de uma outra Pastoral ou Movimento da Igreja. Pode até ocorrer certa competição *entre esses agentes de diversas Pastorais ou Movimentos, que se refletirá, naturalmente, em ações ou idéias conflitantes. No entanto, apesar de tudo, esta não deixa de ser uma* Pastoral de Conjunto, *porque obedece a critérios gerais, vindos de uma motivação exterior, ainda que tendo determinada ou limitada obediência ao Pastor. As diferentes Pastorais ou Movimentos são, então, diferentes não somente no campo específico de ação, ou nos seus métodos, mas também nos seus objetivos...* e esta última diversidade deveria receber uma unidade interior..."
"Na Pastoral Orgânica, *não há apenas um alinhamento das Pastorais num campo de ação.* Há um verdadeiro intercâmbio de forças, *com a circulação de vida evangélica entre as diferentes pastorais."* (A Pastoral Familiar na Pastoral Orgânica, Dom João Bosco Oliver de Faria, in *Família: Fidelidade e Felicidade,* Palestras, Setor Família – CNBB, 1998, 56-57).

De idêntica maneira se expressa a CNBB:

"A Pastoral Familiar é muito abrangente. Envolve todos, ninguém fica de fora: ela não pode e não quer deixar ninguém de fora. Com relação às outras Pastorais, Movimentos e Serviços da Igreja, ela se compara à trama de um tecido, pois faz com que todos estejam juntos, unidos, entrelaçados, e não apenas um ao lado do outro, como livros numa estante. Por isso a Pastoral Familiar é, com toda a razão, uma Pastoral Orgânica, e não uma Pastoral de Conjunto... *A Pastoral Familiar tem de somar suas atividades com os empenhos das demais Pastorais e procurar participar de seus projetos"* (*Pastoral Familiar na Paróquia,* Setor Família e Vida, CNBB, 5ª ed., 2002, 38).

Deste passo, o método de diferenciação entre as atividades evangelizadoras da Igreja, que dá forma à Pastoral de Conjunto e às Pastorais Orgânicas, está solidamente alicerçado em dois critérios fundamentais, aplicados em qualquer classificação que se queira efetuar, tanto de ordem laica como eclesial. Esses dois critérios de diferenciação são "as semelhanças próximas" e "as diferenças específicas".

Pelo exame e descoberta das "semelhanças próximas" se chega "à integração total" ou à *Pastoral de Conjunto*: elas estabelecem a reunião efetiva de todas as forças vivas que se dedicam às ações pastorais e evangelizadoras da Igreja. E pela análise das "diferenças específicas" chega-se às *pastorais orgânicas*: elas colocam as diferentes forças vivas de evangelização da

Igreja em suas tarefas específicas, distinguindo-as parcialmente umas das outras. Assim, cada uma dessas forças faz surgir "as integrações parciais", agregando as atividades pastorais e evangelizadoras de sua competência ou atribuição: cada Pastoral Orgânica pratica as ações pastorais que lhe são próprias e inerentes, exercendo os seus níveis caracterizadores de especialização e enviando às outras forças vivas (às demais Pastorais Orgânicas) os problemas que são de suas competências. A sua atuação sistêmica evita confusões, divisões, omissões e retardamentos da ação pastoral da Igreja e realiza aquilo que o papa Paulo VI preconiza, ou seja, a vivência de um espírito comunitário, de conjunto.

Com base nesses critérios, os autores passam a apresentar, ressalvadas as omissões involuntárias, a Classificação das Pastorais Orgânicas, conforme o seu campo específico de especialização:

- *A Pastoral Familiar*: a evangelização nas suas múltiplas dimensões e setores: o acompanhamento dos casais em todas as fases de sua vida, a afetividade, a educação para o amor, a convivência familiar, a conjugalidade, a espiritualidade familiar, a educação dos filhos para a fé, a vivência efetiva ou possível do ideal pleno do matrimônio cristão etc.
- *A Pastoral Social*: a evangelização nas suas dimensões próprias: a mulher, o negro, o índio, a moradia, o trabalho, fé e política, os encarcerados, os emigrantes etc.
- *A Pastoral da Saúde*: a evangelização nas suas dimensões próprias: a miséria, a fome, as doenças, a alimentação, os alcoólatras, os drogados, os excepcionais, os deficientes físicos etc.
- *A Pastoral dos Meios de Comunicação Social*: a evangelização nas dimensões próprias: jornais, revistas, rádio, televisão, cultura, estudantes, universitários, Internet etc.
- *A Pastoral Litúrgica*: a evangelização nas suas dimensões: a liturgia, a acolhida, a música e o canto etc.
- *A Pastoral Vocacional*: a evangelização nas escolhas do estado de vida: matrimonial, celibatária ou consagrada.
- *A Pastoral Ecumênica*: a evangelização pelo diálogo e cooperação inter-religiosa para a união dos cristãos.
- *A Pastoral Bíblico-Catequética*: a evangelização quanto à formação bíblica e teológica dos Agentes de Pastoral etc.
- *A Pastoral da Oração*: a evangelização pela oração: Irmandades, Confrarias, Congregações, Legião de Maria, Grupos de oração etc.

- *A Pastoral do Dízimo*: a evangelização quanto à consecução dos meios financeiros de manutenção da Diocese e das paróquias etc.

Encerramos essas considerações, expressando as sábias palavras do papa João Paulo II:

> "As diferenças de atividade, *no âmbito da única missão da Igreja, nascem não de motivações intrínsecas à própria missão, mas* das diversas circunstâncias onde ela se exerce" (Encíclica *Redemptoris Missio*, Encíclicas de João Paulo II, Paulus, 1997, n. 33).

2. Dos tipos de Famílias em Situações Especiais

Todas as abordagens anteriores nos levaram, primeiramente, à evidente constatação da existência de diferentes campos de ação pastoral e evangelizadora na Igreja, devendo cada Pastoral Orgânica praticar as ações que lhe são inerentes, "conforme as diversas circunstâncias onde elas se exercem". Deste modo, cada uma delas apresenta os seus níveis característicos de especialização, devendo vivenciar os que lhe são próprios e enviar às demais, consoante sua especificidade, os problemas que não são de sua alçada, evitando-se "os atendimentos inadequados" e "as ingerências entre elas", como recomenda a consonância com a Pastoral de Conjunto.

Em segundo lugar, essas pastorais devem ter as mesmas cautelas quanto à definição dos seus setores e à classificação dos subsetores: seus critérios, diretrizes, objetivos e métodos, conteúdo e dinâmica devem ser o norte para essa empreitada. Em iguais circunstâncias se coloca a Pastoral Familiar quanto à organização dos seus setores e subsetores.

O papa João Paulo II, na Exortação Apostólica *Familiaris Consortio*, n. 79 a 84, apresenta algumas situações de casos especiais bem como determinadas ações pastorais a elas referentes. Fiquemos, por enquanto, somente na análise da classificação apresentada. É evidente que, em atenção à expressão "algumas situações", essa enumeração não é exaustiva. Nem poderia ocorrer de outra forma tendo em vista as experiências e as realidades, quanto a esses tipos, que permeiam os momentos passados, presentes e futuros na vida da Igreja. Deixa o Papa, assim, ao trabalho sereno e atento de reflexão e de investigação da comunidade eclesial a tarefa de classificação desses tipos na atualidade e no decorrer dos tempos.

Os autores, tendo por base as experiências lembradas inicialmente, as conceituações adrede formuladas e os ensinamentos do papa João Paulo II, tentarão uma classificação dos tipos de casos especiais, plenamente conscientes de que nela poderá haver omissões e de que a relação não é exaustiva. As famílias em situações especiais são, assim, classificadas em quatro tipos diferentes:

1. As famílias de casais que vivem uma união natural, embora podendo receber o Sacramento do Matrimônio;
2. As famílias oriundas de uniões mistas ou de disparidade de culto sem o Matrimônio Sacramental, podendo, porém, receber o Sacramento;
3. As famílias chamadas de "incompletas";
4. As famílias de casais em segunda união estável, que não podem, assim, receber o Sacramento do Matrimônio.

Neste capítulo serão apresentadas somente as conceituações referentes a cada uma dessas situações, deixando para o seguinte as linhas de ação pastoral próprias.

2.1. Das famílias de casais que vivem uma união natural e que podem receber o Matrimônio Sacramental

Essas famílias se classificam em três grupos distintos:

1. As famílias resultantes de "uniões experimentais";
2. As famílias resultantes de "uniões livres";
3. As famílias resultantes de "uniões somente no civil".

Como foi referido, passemos a colocar, agora, tão-somente as suas conceituações:

- "Uniões experimentais" são aquelas constituídas por casais que vivem uma união natural a título de experimentação, sem nenhuma intenção de viver uma união estável.
- "Uniões livres" são aquelas constituídas por casais que não querem assumir um compromisso civil ou religioso, mas que têm a intenção de viver uma união estável.
- "Uniões somente no civil" são aquelas constituídas por casais que assumem um Matrimônio civil, com intenção de uma união estável.

2.2. Das famílias que vivem uniões mistas ou com disparidade de culto e não receberam o Matrimônio Sacramental

- Por "uniões mistas" entende-se, em sentido estrito, a união entre duas pessoas *batizadas*, da qual uma é católica e a outra, não-católica *(para efeito de nosso trabalho, o casal não contraiu o Matrimônio sacramental, estando vivendo uma união natural, como "a união experimental", "a união livre" ou "a união somente no civil").*

A título de ilustração, oferecemos algumas considerações: neste caso existe, de parte da Igreja Católica, uma proibição para os cônjuges contraírem o Matrimônio sacramental, exigindo-se dispensa prévia pelo Bispo local.

> *"A Igreja dá especial atenção a esses casamentos mistos, pois os cônjuges acreditam em Cristo e receberam o Batismo. Eles estão constituídos em uma 'comunhão plena' quando a parte não católica pertence à Igreja Ortodoxa separada e à Igreja Anglicana, porque elas conservam o matrimônio como Sacramento, ou 'mais imperfeita', quando a parte não católica pertence às Igrejas Reformadas, que não conservam o matrimônio sacramental"* (Documentos da CNBB 12, *Orientações pastorais sobre o matrimônio*, Paulinas, 1978, p. 19).

- Por "Uniões com Disparidade de Culto" entende-se a união entre um católico e outra pessoa não batizada (que professa, por exemplo, o hinduísmo, o budismo, a religião muçulmana ou a religião judaica). *Para efeito de nosso trabalho, o casal não contraiu o matrimônio sacramental, estando vivendo uma união natural, como "a união experimental", "a união livre" ou "a união somente no civil".*

A título de explicação, a Igreja considera importante, também, as suas relações com os não-cristãos, "no seu dever de promover a unidade e a caridade entre os homens, e mesmo entre os povos, considerando aqui sobretudo o que é comum aos homens e os move a viver juntos o seu destino" (Declaração *Nostra Aetate*, sobre as relações da Igreja com as religiões não-cristãs, in *Compêndio do Vaticano II*, Vozes, 1996, n. 1.578).

Neste caso, há um impedimento para se realizar o Matrimônio católico deste tipo de casal, exigindo-se a dispensa prévia pelo bispo local.

2.3. Das famílias "incompletas"

- "Famílias Incompletas" são aquelas em que há a ausência, provocada ou acidental, de um dos cônjuges. Pertencem a esses subtipos de família: "os separados ou os divorciados, que não contraíram uma nova união"; "os viúvos e as viúvas", e "os monoparentais" (pais ou mães solteiros).

2.4. Das famílias de casais em segunda união

"Casais em Segunda União", no entendimento da Igreja, são aqueles em que os dois membros, ou então um deles, receberam o Sacramento do Matrimônio, e, depois, passaram por uma separação ou divórcio, tendo se unido, posteriormente, com outra pessoa, na procura humana de não viverem isoladamente, vivendo, porém, uma união estável, responsável e perseverante, na busca da formação de uma nova família.

3. Das espécies de ações pastorais

Naturalmente, as ações pastorais relativas aos casos especiais diferem, conforme os seus tipos. De fato, essas famílias apresentam uma realidade sugestiva: as suas espécies não são iguais, como anteriormente visto. Embora tenham um contexto sociocultural parecido, as motivações objetivas e subjetivas são diferentes. No âmago dessas famílias existe, indelevelmente, uma série de circunstâncias que deve ser levada em conta para a definição das ações pastorais.

Portanto, é necessário *procurar a verdade cristã-evangélica* de todos aqueles que vivem essas situações especiais, definindo quais são e seguem sendo, para se estabelecer e planejar a ação pastoral adequada.

Existem momentos difíceis pelos quais estas famílias passaram e passam. Elas têm necessidade da ajuda da comunidade eclesial e dos seus pastores. O papa João Paulo II enumera, em geral, algumas dessas situações:

> *"A adolescência contestadora e, às vezes, tumultuosa dos filhos... O novo matrimônio, que separa os casais da família de origem... A incompreensão ou a falta de amor de parte das pessoas mais queridas... O abandono do cônjuge ou a sua perda, que faz começar a experiência dolorosa da viuvez... A morte de uma família que mutila e transforma, em profundidade, o seu núcleo originário..."* (*Familiaris Consortio*, op. cit., n. 77).

Já discorremos sobre as causas desses "duros" acontecimentos, de ordem laica ou, mesmo, de incúria dos agentes pastorais leigos na vivência dos seus matrimônios cristãos ou de inércia na "adequada" preparação daqueles que se propõem casar. Muitas vezes a demonstração falha do amor verdadeiro nas famílias cristãs faz com que o Matrimônio como Sacramento pareça não corresponder às expectativas e aos anseios de tantas pessoas ou os conduza a um não-entendimento do seu precioso sentido.

As famílias em situações especiais reclamam uma ajuda especial. Assim, os agentes pastorais têm de estudar e desenvolver as ações adequadas e pertinentes, cuidando do acolhimento dessas famílias "segundo suas condições e na medida do coração de Cristo".

As ações pastorais respectivas, portanto, se diferenciam, conforme as diferentes situações dessas famílias:

- para as famílias cujos cônjuges vivem uma união natural e que podem receber, se quiserem, o matrimônio sacramental ("as uniões experimentais", "as uniões livres", "as uniões somente no civil", *e, também, "as uniões mistas" e "as uniões com disparidade de cultos", sem o Sacramento)*, a medida adequada é *"A Ação Pastoral de Legitimação Matrimonial"*.
- para as famílias ditas "incompletas", pelo fato da ausência, provocada ou acidental, de um dos cônjuges, as atividades respectivas são: *"a Ação Pastoral para os Separados e Divorciados"*, ou *"a Ação Pastoral para os Viúvos e Viúvas"* ou *"a Ação Pastoral para os Pais e Mães Solteiros ou Monoparentais"*. Apesar de estas situações serem semelhantes pela existência de uma só pessoa como "titular ou chefe" das respectivas famílias, contudo a sua "práxis" pastoral tem características particulares.
- para as famílias cujos cônjuges vivem uma segunda união, os caminhos devem seguir para uma atividade própria, ou seja, *"a Ação Pastoral para os Casais em Segunda União"*.

Poder-se-ia questionar: "Como proceder para a implantação dessas ações pastorais?" Os autores acham mais consentânea a especificação dessas atividades evangelizadoras na medida da apresentação, no capítulo seguinte, das linhas de ações pastorais quanto às famílias em situações especiais. O importante é a vivência da Pastoral do Bom Pastor:

> *Não é a ação pastoral de quem abandona os que estão no aprisco, porém, tampouco, pode ser a ação pastoral de quem dorme tranqüilo sabendo que muitas outras ovelhas estão fora!* (*La Pastoral*..., op. cit., 100)

Capítulo XI

Das linhas de ação pastoral para os casos especiais

AS reflexões anteriores visaram à devida preparação quanto à definição das linhas de ação pastoral para as famílias em situações especiais.

Para tanto, percorreu-se um caminho no sentido de que "todo o humano interessa à Igreja". Foram dados passos para se identificar o conjunto de problemas que podem afetar a família ou deixar muitas delas em um estado de significativo abandono. Soluções para essa problemática são encontradas nas experiências guias, na participação em Congressos, na busca do saber através de pessoas qualificadas e, notadamente, no Evangelho e no Espírito de Deus.

Ficou ressaltada, também, a importância da especialização dos agentes pastorais em todos esses campos da Igreja:

> *"As diversas formas de serviço, de que realmente necessitam as famílias em dificuldades, exigem que a Igreja, ao preparar seus Agentes Pastorais de base, tenha em conta que os deve* especializar *para oferecerem suas ajudas específicas"* (*Pastoral Familiar – Manual*, op. cit., p. 58).

Seguindo essas ponderações, os autores, para serem atingidas as metas de colocação das linhas de ação aludidas, procurarão utilizar ainda, e mais particularmente, as preciosas lições oriundas das Conclusões da Reflexão de Trabalho, elaboradas, em 1998, pelo Congresso do Cone Sul da Pastoral Familiar de Santiago do Chile, bem como os preclaros e sábios ensinamentos do papa João Paulo II na Exortação Apostólica *Familiaris Consortio*, n. 79 a 84.

O papa João Paulo II enfatizou na parte inicial destas lições:

> *"Na sua solicitude pela tutela da família em todas as suas dimensões, não somente em sua dimensão religiosa, o Sínodo dos Bispos não deixou de prestar atenta consideração a algumas situações 'irregulares', religiosa e muitas vezes civilmente, que, nas rápidas mudanças hodiernas, vão-se infelizmente difundindo mesmo entre os católicos, com não pequeno dano do instituto familiar e da sociedade, de que constitui a célula fundamental"* (*Familiaris Consortio*, op. cit., n. 79).

O plano deste capítulo, se propõe, "para a consideração atenta dessas situações e da decorrente atuação sobre elas", a colocação simultânea, já que se completam, das ações pastorais e de suas linhas de aplicação quanto ao Setor das Famílias em Situações Especiais, seguindo a ordem estabelecida na classificação dos seus tipos:

> *"considerados a partir da sua condição de fenômeno social e a partir da sua condição de sacramentalidade!"* (*La Pastoral...*, op. cit., p. 128)

Assim, para todas essas famílias em dificuldades, feridas pelos flagelos e tensões derivados de inúmeras causas e que as levam para a vivência de situações especiais, não basta uma ação preocupada somente com assistência social. É necessário que a comunidade cristã se preocupe com sua realidade integral, sempre procurando visualizar as vias de ação para ajudá-las em sua realização possível nos caminhos e campos da vida da Igreja.

De outro lado, os autores pretendem, com esse trabalho, tão-somente apresentar sugestões para uma construção sistêmica do Setor das Famílias em Situações Especiais e das Diretrizes Gerais e Estruturais, diocesanas e nacionais, para a sua evangelização. As dificuldades para esse mister são enormes, tendo em vista que essas situações, embora pareçam semelhantes, possuem particulares diferenciações, fazendo resultar ações pastorais e linhas de atuação com níveis característicos de especialização.

1. Das famílias que vivem uma união natural e que podem receber o Matrimônio Sacramental

Os casais formados dessas famílias, pelo fato de viverem em uma união natural e, embora podendo, não haverem contraído o Matrimônio sacramental, estão impedidos, pela própria condição assumida, de receber os sacramentos da Penitência e da Eucaristia. O Princípio da Misericórdia, que deve agir na vida da Igreja, é complementado pelo Princípio da Verdade, consoante as situações especiais e concretas que vivem, criadas pelos próprios casais.

Na sua última Encíclica, o papa João Paulo II alia, com bondade e verdade, essas asserções:

> *"Dando à Eucaristia todo o realce que merece e procurando com todo o cuidado não atenuar nenhuma das suas dimensões e exigências, dão provas de estar verdadeiramente conscientes da grandeza deste dom"* (Encíclica *Ecclesia de Eucharistia*, Loyola, 2003, n. 61).

1.1. Das uniões experimentais

Comecemos a considerar esse assunto, novamente usando as palavras sempre atuais de João Paulo II:

> *"Uma primeira situação 'irregular' é dada pelo que é chamado de 'matrimônio de experiência' que hoje muitos querem justificar, atribuindo-lhe certo valor. A razão humana insinua já a sua não-aceitação, mostrando quanto seja pouco convincente que se faça uma experiência em relação a pessoas humanas, cuja dignidade exige que sejam elas, só e sempre, o termo do amor de doação sem limite algum nem de tempo nem de qualquer outra circunstância".*
> *"Por sua parte, a Igreja não pode admitir tal tipo de união por motivos ulteriores, originais, derivantes da fé. Por um lado, com efeito, o dom do corpo na relação sexual é símbolo real da doação de toda a pessoa: uma doação tal que, além do mais, na atual economia de salvação, não pode atuar-se com verdade plena sem o concurso do amor de caridade, dado por Cristo. Por outro lado, o matrimônio entre duas pessoas batizadas é o símbolo real da união de Cristo com a Igreja, uma união não temporária ou 'de experiência', mas eternamente fiel"* (*Familiaris Consortio*, op. cit., n. 80).

As características deste tipo de união saltam à vista com essa descrição minuciosa. Essa situação atenta contra a dignidade da pessoa humana que exige "o termo do amor de doação sem limite algum nem de tempo nem de qualquer outra circunstância", porque:

- vai contra o conceito de sexualidade como "símbolo real da doação de toda a pessoa";
- não pode atuar-se "com verdade plena sem o concurso do amor de caridade, dado por Cristo";

- atenta contra o matrimônio como Sacramento pois este "é o símbolo real da união de Cristo com a Igreja";
- contesta o ideal pleno e autêntico do matrimônio cristão, sua unidade e indissolubilidade, perpetrando "uma união temporária".

De outro lado, há *sugestões pastorais* muito importantes:

"Ordinariamente, tal situação não pode ser superada se a pessoa humana, desde a infância, com a ajuda da graça de Cristo e sem temores, não for educada para o domínio da concupiscência nascente e para estabelecer, com os outros, relações de amor genuíno. Isto não se consegue sem uma verdadeira educação para o amor autêntico e para o reto uso da sexualidade de modo a introduzir a pessoa humana em todas as suas dimensões, mesmo na referente ao próprio corpo, na plenitude do mistério de Cristo" (ibid., 80)

Essas atitudes pastorais devem resultar:

- na necessidade da "pessoa humana, desde a infância, ser educada para o domínio da concupiscência nascente";
- na urgência de uma educação "que leve a estabelecer, com os outros, uma relação de amor genuíno";
- na implicação de "uma verdadeira educação para o amor autêntico";
- na condução "ao reto uso da sexualidade";
- na introdução "da pessoa humana, em todas as dimensões, na plenitude do mistério de Cristo".

O papa João Paulo II aponta *a urgência* de se indagar sobre as causas deste fenômeno:

- essas uniões não podem ser consideradas um fato isolado, convertendo-se em fenômeno social;
- essas uniões surgem, também, de uma mudança cultural de mentalidade, não só do matrimônio, mas contra a própria instituição;
- essas uniões estão se convertendo, ainda, em uma forma de pensamento daqueles que são membros da Igreja e nela se casam;
- essas uniões estão vingando pela falta da noção de fidelidade, pelo vilipêndio da noção de virgindade e pela ridicularização daqueles que querem contestar essas situações;
- essas uniões estão clamando pela existência de uma ação familiar que coíba a exploração do corpo e as atitudes permissivas de "fazer o que quiser" contanto que se evitem doenças ou gravidez;
- essas uniões gritam para a urgência da preparação melhor dos que se candidatam ao matrimônio sacramental;

- essas uniões exigem "que se dê toda a importância à catequese sobre o valor do amor conjugal e familiar em todas as épocas das atividades catequéticas pré-matrimoniais" (Cons. *Pontif. da Família*, já citado).

Devem ser assinalados ainda *os motivos interiores* daqueles que recorrem a estas "uniões experimentais" para que se possam dar os passos para sua educação pessoal, social e religiosa:

- A procura da "compatibilidade de caracteres" ("vamos ficar para ver se somos compatíveis");
- A procura da intimidade para sentir "se funcionamos";
- A procura indiscriminada, em certas culturas, do "sonho da fecundidade";
- A procura de uma "segurança" por medo de "fracassos", conforme eles vêem em muitas uniões ao seu redor.

Ainda, há "razões práticas" para estas situações, tais como "viver no estrangeiro", "fazer economia de gastos", "não deixar de receber a pensão herdada de um membro da família ou de algum concubinato anterior" (o que é normal, também, nas "uniões livres", "mistas" e "de disparidade de culto") etc.

❖ ❖ ❖

Quanto às linhas de ação pastoral, podem-se fazer várias considerações, que também servem para os demais tipos:

- a ação pastoral deve se dirigir para a *"Legitimação Matrimonial"*;
- a ação pastoral deve ser uma Pastoral *de busca* nos montes, nos vales, nas ruas e praças, nos bancos e nos jardins, nos trabalhos e nos clubes, pois é difícil que os membros dessas uniões costumem freqüentar uma comunidade paroquial, a não ser casualmente;
- os agentes pastorais têm de *aproveitar as ocasiões* de relacionamento estrito com esses casais, tendo como meios os encontros em festas, casamentos, celebrações (batismo etc.) acontecimentos sociais, bailes, piqueniques...;
- os agentes pastorais devem se esforçar para *conhecer as suas situações*, caso a caso, e as suas aspirações;
- a ação pastoral deve, também, procurar detectar *a pessoa ou casal mais indicados* para a aproximação e o seguimento dos passos desses casais;
- a ação pastoral deve procurar em Missas, homilias, encontros especiais, os *suportes* de esclarecimento dos autênticos valores e da dignidade destas pessoas e casais;

- a ação pastoral deve procurar levar-lhes a *Palavra de Deus*, notadamente através de grupos de experiência comunitária (Somente um "Encontro de Casais" ou atitudes equivalentes não atinge efetivamente a sua perseverança: só *a Caminhada*, juntos, é que poderá fazer com que esses casais sintam e vejam, paulatinamente, e passem a viver o significado verdadeiro do amor e o perene valor do matrimônio sacramental);
- a ação pastoral deve ser, também, uma *realidade de oração e presença de Deus* para que os casais percebam o valor da espiritualidade familiar.

De outra parte, deve-se ponderar que os agentes pastorais, pertencentes à Coordenação Paroquial, Diocesana ou Nacional, que se dedicam, assim, à estruturação das linhas de ação pastoral desses setores, não desanimem, fraquejem ou se preocupem diante das dificuldades e problemas que vão encontrar nesses itinerários. Que as suas atitudes sejam de:

> "*insistir* na responsabilidade *efetiva quanto a essas uniões que não lhes oferecem garantias de estabilidade";*
> "*ver como criar atitudes positivas de que o êxito do matrimônio depende dos casais mesmos e de uma apresentação da graça do Sacramento como critério de possibilidade:* o que não pode a nossa debilidade, é possível para a graça!" (*La Pastoral*, op. cit., p. 133).

1.2. Das uniões livres

O papa João Paulo II coloca interessantes ensinamentos sobre esse subsetor das famílias em situações especiais:

> *"Trata-se de uniões sem nenhum vínculo institucional, civil ou religioso, publicamente reconhecido. Este fenômeno – cada vez mais freqüente – não deixará de chamar a atenção dos Pastores, exatamente porque, existindo na sua base elementos muito diversos, será possível atuar sobre eles e limitar-lhes as conseqüências".*
> *"Alguns, com efeito, consideram-se quase constrangidos a tais uniões por situações difíceis de caráter econômico, cultural e religioso, já que, contraindo um matrimônio regular, seriam expostos a um dano, à perda de vantagens econômicas, à discriminação etc. Outros, pelo contrário, fazem-no numa atitude de desprezo, de contestação ou rejeição da sociedade, do instituto familiar, do ordenamento sociopolítico ou numa busca única de prazer. Outros, enfim, são obrigados pela extrema ignorância e pobreza, às vezes por condicionamentos verificados por situações de verdadeira injustiça, ou também de certa imaturida-*

de psicológica, que os torna incertos e duvidosos na contratação de um vínculo estável e definitivo."

"Cada um destes elementos põe à Igreja árduos problemas pastorais, pelas graves conseqüências quer religiosas e morais (perda do sentido religioso do matrimônio à luz da Aliança de Deus com o seu povo; privação da graça do sacramento; escândalo grave), quer também sociais (destruição do conceito de família; enfraquecimento do sentido de fidelidade, mesmo para com a sociedade; possíveis traumas psicológicos nos filhos; afirmação de egoísmo)" (*Familiaris Consortio*, op. cit., 81).

No mesmo plano do item anterior, vejamos quais são *as características* deste subtipo de união. Elas consistem no intento:

- de procurar mostrar tal situação *como um fato normal* na sociedade;
- de colocar essas situações com possibilidades, em decorrência, *de serem reconhecidas como lei*;
- de colocar essa união *como alternativa* ao matrimônio cristão;
- de conseguir que haja *igualdade de direitos* com a família matrimonial.

As causas desse fenômeno são bem lembradas pelo papa:

- uniões obrigadas "por situações difíceis de caráter econômico, cultural e religioso";
- uniões contraídas "por uma atitude de desprezo, de contestação, de rejeição da sociedade, do instituto familiar, do ordenamento sociojurídico";
- uniões que "buscam unicamente o prazer";
- uniões levadas "pela extrema ignorância e pobreza ou por condicionamentos de verdadeira injustiça ou pela imaturidade psicológica";
- uniões produzidas "pela incerteza que têm de contrair um vínculo estável e definitivo";
- uniões que acontecem "na esperança ou na certeza subjetiva de reconhecimento social";

Essa situação, também, põe à Igreja árduos *problemas pastorais*:

i. A perda do sentido religioso do matrimônio à luz da Aliança de Deus com o seu Povo.
ii. A privação da graça do Sacramento e o escândalo grave.
iii. A destruição do conceito de família.
iv. O enfraquecimento do sentido de fidelidade, mesmo para com a sociedade.
v. Os possíveis traumas psicológicos para os filhos.
vi. As afirmações de egoísmo.

Tal tipo de união traz também *problemas sociais e de ordem jurídica*:

"deve a legislação esquecer essas situações?"
"deve a sociedade criar uma legislação sobre essas situações?" (*La Pastoral*..., op. cit., 138)

Destes questionamentos surgem situações complexas. Muitos casais, mesmo estando livres para contrair o Matrimônio civil e religioso, decidem afastar-se da institucionalidade dessa união. De outro lado, muitas legislações se movem na ambigüidade e outras procuram solucionar essas situações pessoais e sociais partindo para a elaboração de normas que criam direitos e deveres entre os membros assim unidos, como, por exemplo, no Brasil, a Lei do Concubinato.

Por isso, João Paulo II adverte:

"O Povo de Deus atua também junto às autoridades públicas para que, resistindo a estas tendências desagregadoras da própria sociedade e prejudiciais à dignidade, segurança e bem-estar dos cidadãos, não seja induzida a menosprezar a importância institucional do matrimônio e da família" (*Familiaris Consortio*, op. cit., n. 81).

O papa coloca as sugestões pastorais:

"Os Pastores e a Comunidade Eclesial serão diligentes em conhecer tais situações e as suas causas, caso a caso; em aproximar-se dos conviventes com dignidade e respeito; em esforçar-se com uma ação de esclarecimento paciente, de bondosa correção, de testemunho familiar cristão, que lhes possa aplanar o caminho para regularizar a situação. Faça-se, sobretudo, obra de prevenção, cultivando o sentido de fidelidade na educação moral e religiosa dos jovens, instruindo-os acerca das condições e das estruturas que favoreçam tal fidelidade, sem a qual não há verdadeira liberdade, ajudando-os a amadurecer espiritualmente e fazendo-os compreender a riqueza da realidade humana e sobrenatural do Matrimônio-Sacramento" (ibid., n. 81).

Assim, a ação pastoral dos agentes deve se dirigir:

- à procura do conhecimento de tais situações, caso por caso, dos fenômenos e das causas que levaram os casais a essa união;
- ao esforço para ser uma pessoa qualificada na dimensão interpessoal e evangelizadora, capaz de empatia segundo o modelo do Bom Pastor;
- ao desenvolvimento de um trabalho pessoal consistente nas visitas a essas famílias e na construção de vínculos de amizade, sendo, assim, *um apóstolo de presença, e não de insistência*;

- à utilização dos meios de comunicação social, das missas e homilias, de todas as oportunidades de contato, tais como, os tempos fortes (batismo, crisma, festas religiosas, almoços beneficentes, etc.);
- à busca do testemunho de vida em todos os ambientes, a começar pelo seu próprio lar, lembrando que são os exemplos que convencem;
- à procura da realização de encontros de acolhimento desses casais e da conseqüente inclusão em uma Caminhada de Experiência Comunitária, para se atingir, com serenidade e paciência, as suas mentes e seus corações quanto ao significado e valorização do matrimônio como Sacramento;
- à execução, nesses passos, de uma ação pastoral dirigida à legitimação matrimonial desses casais, confiantes nos caminhos do Espírito de Deus.

Enfim, os agentes de pastoral deverão ser os instrumentos efetivos e diligentes de Deus para mostrarem a esses casais que:

> *eles não sintam que a sua situação é uma barreira ao amor e à amizade da Comunidade... É fazer-lhes experimentar a presença da Igreja, "apesar de sua situação"... Um fazer-lhes sentir que eles são mais importantes que as suas situações!* (*La Pastoral...*, op. cit., 141).

1.3. Das uniões somente no civil

As sábias considerações de João Paulo II sobre esse subtipo de união natural, não-sacramental, são marcantes:

> *"Difunde-se sempre mais o caso de católicos que, por motivos ideológicos e práticos, preferem contrair só matrimônio civil, rejeitando ou pelo menos adiando o religioso. A sua situação não se pode equiparar certamente à dos conviventes sem nenhum vínculo, pois que ali se encontra ao menos um empenho relativo a um preciso e provavelmente estável estado de vida, mesmo se muitas vezes não está afastada deste passo a perspectiva de um eventual divórcio. Procurando o reconhecimento público do vínculo de parte do Estado, tais casais mostram que estão dispostos a assumir, com as vantagens, também as obrigações. Não obstante, tal situação não é aceitável por parte da Igreja"* (*Familiaris Consortio*, op. cit., n. 82).

Existem *várias situações* que podem conduzir a uma evidência da escolha desta condição por esses casais:

- a vivência de situações culturais em que a união natural é considerada "completa" em si mesma e não se necessita do Sacramento para tentar uma justificação de sua decisão;
- a ignorância deplorável do sagrado e a deficiente evangelização sobre os sacramentos, não tendo esses casais claro o significado e o valor do Sacramento;
- a secularização do matrimônio, em virtude dos Estados estabelecerem, para eles, o direito de ser os únicos que têm as "legítimas" atribuições ou encargos sobre a sua união;
- as crises religiosas, a lamentável queda do sentimento "profundo" do religioso, a ausência de um verdadeiro sentido de fé;
- o espírito de contestação religiosa, a falta de um sentido de valorização da Igreja, o hiato evidente entre *"família-escola-catequese"*, ou seja, a ausência de uma estrutura definida de formação das mentalidades e dos critérios para a devida apreensão do amor, da família e da Igreja;

O papa João Paulo II apresenta algumas sugestões pastorais:

> *"A ação pastoral procurará fazer compreender a necessidade de evidente coerência entre a escolha de um estado de vida e a fé que se professa, e tentará todo o possível para levar essas pessoas a regularizar a sua situação à luz dos princípios cristãos. Tratando-as embora com muita caridade, os Pastores da Igreja não poderão, infelizmente, admiti-los aos sacramentos"* (ibid., n. 82).

As palavras do papa levam a *concretas questões* sobre a ação pastoral quanto às uniões somente no civil:

- Como tratar a decisão de casar-se somente no civil quando o casal carece de fé?
- Como fazer com casais que vivem em sérias dúvidas sobre a religião?
- Como pôr em prática as orientações do papa se os casais estão vivendo em uma clara indiferença religiosa?
- Como mudar o pensamento destes casais de que, pelo fato de seu batismo, eles são efetivamente crentes e já têm uma fé natural em Deus?
- Como alcançar a descoberta de novo, por eles, de sua fé, de nutri-la e torná-la madura e, assim, conduzi-los para o matrimônio cristão?
- Como fazer para que mudem de mentalidade na tenaz disposição de conservarem esse estado e para saber de suas intenções neste sentido?

As linhas pastorais, diante dessas situações, deveriam se dirigir para os seguintes critérios:

- o empenho, por primeiro, na planificação de uma *Ação Pastoral de Legitimação Matrimonial*;
- o cuidado de *não querer forçar* o Sacramento pela insistência em sua recepção desde os contatos iniciais;
- a anterior *procura da evangelização* para ajudá-los a passar de uma simples religiosidade para uma experiência de fé;
- a visão de que o fato de se conseguir levá-los ao Sacramento *não autoriza a convicção de que a missão já foi cumprida*;
- a ação *delicada e prudente* de proximidade, de presença e empatia;
- o aproveitamento dos *momentos fortes* da Igreja, notadamente por ocasião do batizado de seus filhos, a primeira comunhão, a sua presença ocasional ou reiterada nas assembléias e missas;
- *a boa acolhida e a atitude de compreensão* em suas situações e dificuldades;
- o convite para *palestras e encontros especiais* que possam interessá-los e aclarar-lhes o pensamento sobre os Sacramentos, os relacionamentos familiares etc.;
- o convite, por intermédio de meios adequados, para *uma Caminhada de Experiência Comunitária* que irá mostrando aos casais, pouco a pouco, o significado e o valor do amor no Matrimônio cristão;
- a procura de suas participações na prática da *religiosidade popular*, tais como a Virgem Peregrina, os grupos de oração, e os momentos fortes da vida da Igreja;
- a *conscientização da comunidade* para essa ação pastoral e a procura *da integração e formação de dirigentes*;

Assim, uma ação pastoral dirigida a essas situações deve ter como especial finalidade:

> *"fazer compreender a necessidade de coerência entre a opção de vida e a fé que professam... fazer o possível para convencer essas pessoas na regularização de sua situação à luz dos princípios cristãos"* (*La Pastoral...*, op. cit., 153).

❖ ❖ ❖

Por último, deve-se acentuar que todos esses tipos de uniões ("experimentais", "livres" e "somente no civil") podem ensejar, como já está infelizmente acontecendo, uniões outras, totalmente "espúrias":

Finalmente, não podemos olvidar os movimentos modernos que vão tomando corpo com "novo tipo de uniões", por exemplo, "homossexuais", que lutam para ser reconhecidas e aceitas pela sociedade em igualdade de direitos com os matrimônios devidamente instituídos. Inclusive se fala muito hoje (e que já é uma triste realidade em muitos países) do direito de adoção de crianças por parte desses "casais"! (ibid., 138).

2. Das uniões mistas ou com disparidade de culto sem o matrimônio sacramental

Os conceitos de tais tipos de uniões já foram adrede apresentadas. Como conseqüência de não haverem esses casais contraído o Matrimônio sacramental, o cônjuge católico não poderá receber os sacramentos da Penitência e da Eucaristia, no mesmo caminho das uniões anteriormente descritas. Assim, em conseqüência de suas comuns semelhanças, as questões e as ações pastorais já colocadas se aplicam, conforme o caso, a essas uniões.

Neste item serão examinadas somente algumas situações devido às condições particulares que ostentam.

2.1. Das uniões mistas sem o Sacramento

Quanto à questão do Batismo da parte não-católica em sua Igreja particular, a Igreja Católica coloca algumas considerações quanto ao reconhecimento, por ela, de sua validade:

> *"São considerados válidos os Batismos realizados nas Igrejas Ortodoxas, Episcopalianas (Anglicanas), Luteranas, Presbiterianas (Calvinistas na Europa), Metodistas, Vétero-Católicas, Batistas e Congregacionais (Igreja Cristã do Brasil, Assembléia de Deus, Brasil para Cristo e outras tidas como 'pentecostais')."*
> *"Há sérias dúvidas no Batismo administrado nas seguintes Igrejas: Pentecostal Unida do Brasil, Brasileiras, dos Santos dos Últimos Dias (Mórmon), Adventista do Sétimo Dia."*
> *"São considerados nulos os batismos feitos nas seguintes Igrejas ou Grupos Religiosos: Testemunha de Jeová, Ciência Cristã, Messiânica ou da Revelação, do Reverendo Moon, Cientologia, Umbanda, Candomblé e outras menos conhecidas."* (*Normas e Diretrizes Diocesanas*. Diocese de Jundiaí – SP, Edição própria, 1997, 17-18)

Quanto às normas a serem observadas na preparação e celebração do vindouro matrimônio sacramental, aplicam-se as lições do Concílio Vaticano II, que influenciou a modificação do Código de Direito Canônico atual. A disciplina prática é regida

> *"pela Instrução 'Matrimonii Sacramentum' da Sagrada Congregação para a Doutrina da Fé (de 19.03.66), pelo Decreto 'Crescens Matrimoniorum' da Sagrada Congregação para a Igreja Oriental (de 22.02.67), pelo Motu Proprio 'Matrimonia Mixta' de Paulo VI (de 31.03.70, in REB 30, 2, junho 1970, p. 400-405), completadas no Brasil pelas Normas Complementares da CNBB* ("Comunicado Mensal", 1970, n. 216-217, p. 59-60; *SEDOC*, vol. 3, col. 625-626) (Documento da CNBB 12, op. cit., p. 20)

As ações pastorais, em decorrência, devem também observar as seguintes providências, além das demais antes mencionadas:

- *ir ao encontro* desses casais, tratando-os com carinho e amor;
- *procurar conhecer as situações desses casais*, caso a caso, em virtude das várias circunstâncias que se podem apresentar quanto ao cônjuge não católico;
- procurar que às partes sejam ministradas *as convenientes instruções prévias* sobre as propriedades essenciais do matrimônio e os futuros posicionamentos em relação à prática, pessoal ou conjugal, dos cultos e da educação social e religiosa dos filhos;
- procurar utilizar *momentos fortes* da Igreja (batizados etc.) para efetivar essas instruções e preparações;
- procurar *salvar a fé do cônjuge católico sem vulnerar a liberdade de consciência* da parte não-católica;
- providenciar uma *instrução especial da parte não-católica*; ou
- procurar estabelecer o *relacionamento fraterno com os ministros da confissão não-católica* quanto à situação concreta, para criar a oportunidade real da preparação interconfessional dos cônjuges;

Nesse mister, os *agentes pastorais também serão instrumentos quanto à oportunidade de diálogo interconfessional da Igreja Católica com as diversas Igrejas Cristãs*. Enfim, constituir-se-ão, em tais momentos, como meios adequados de colaboração para a atividade ecumênica da Igreja: é a oportuna e feliz inserção em um procedimento ecumênico mesmo quando o agente pastoral da outra religião cristã específica não houver agilizado idêntica iniciativa.

Ainda, deve-se acentuar a extraordinária importância da procura da Pastoral Orgânica Ecumênica existente na Diocese ou na Paróquia, para se solicitar a sua co-participação quanto ao diálogo efetivo e produtivo com o representante da Igreja Cristã professada pelo membro não-católico da união mista. Assim, os agentes estarão colaborando efetivamente com a Pastoral Ecumênica da Diocese ou Paróquia. Se não houver, ainda, a existência de uma Pastoral Ecumênica já atuante no local, os agentes pastorais procurarão aprimorar os seus conhecimentos sobre as Igrejas Cristãs por meio de livros, seminários, congressos e das equipes encarregadas da reflexão sobre o ecumenismo ou que estão direcionadas para a formação da Pastoral Ecumênica na região. Além disso, deve-se cultivar a ajuda e o direcionamento, neste assunto, do assessor espiritual da sua Coordenação:

> *"Outro benefício importante, que reforça em vez de abalar a nossa identidade católica, é a necessária descoberta do que é essencial e do que é acessório (quanto à Pastoral Ecumênica). Para troca, partilha e progresso ecumênico, temos de saber muito bem o que pode e o que não pode ser transformado, interpretado de outro jeito, acrescentado ou deixado de lado em nossa crença e nosso comportamento religioso. Pensar constantemente nisso vai dando a clareza sobre os fundamentos da fé. Vai ajudando a destacar o que é básico e vai ampliando a nossa compreensão das riquezas do cristianismo!"* (Therezinha Motta Lima da Cruz, *Ecumenismo – Conteúdo de Catequese?*, Paulus, 1996, 71)

Ademais, o próprio Papa João Paulo II reconhece o lado positivo de todo esse intercâmbio, que beneficia a todas as Igrejas, que aprendem a se comunicar, a se ajudar, a se conhecer e a colocar o amor mútuo em Cristo:

> *"Nós, enquanto Igreja Católica, estamos conscientes de ter recebido muito do testemunho, da procura e mesmo da maneira como foram sublinhados e vividos pelas outras Igrejas e Comunidades Eclesiais certos bens cristãos comuns... É a forma ecumênica da lei evangélica de partilha... É preciso em tudo demonstrar o cuidado de ir ao encontro daquilo que nossos irmãos cristãos, legitimamente, desejam e esperam de nós, colocando o seu modo de pensar e a sua sensibilidade... É necessário que os dons de cada um se desenvolvam para a utilidade de todos!"* (*Enc. Ut Unum Sint*, in *Encíclicas de João Paulo II*, op. cit., n. 87)

2.2. Das uniões com disparidade de culto sem o sacramento

As sugestões pastorais devem observar as seguintes providências, semelhantes às descritas no item anterior:

- *ir ao encontro* desses casais, tratando-os com carinho e amor;

- conhecer *os ensinamentos da Igreja* sobre esse assunto;
- envidar esforços para que seja ministrada a ambas as partes *instrução prévia* sobre as propriedades essenciais do matrimônio;
- procurar *não querer agir com proselitismo* ou com atitudes de conversão apressadas e inconsistentes;
- procurar salvar a fé do cônjuge católico *sem vulnerar a liberdade de consciência* da parte não batizada;
- procurar *o entendimento com os ministros* da religião não-cristã.

Há necessidade, também, de procurar conhecer os elementos importantes das religiões não-cristãs. O Concílio Vaticano II nos conduz a uma visão das suas características:

> *"Desde a antiguidade até a época atual, encontra-se entre os diversos povos certa percepção daquela força misteriosa que preside o desenrolar das coisas e acontecimentos da vida humana, chegando mesmo ao conhecimento de uma Suprema Divindade ou* até de Deus Pai..."
> *"Assim,* no Hinduísmo, *os homens perscrutam o mistério divino, explicando-o por uma inesgotável abundância de muitas e sutis tentativas filosóficas, e procuram a libertação das angústias de nossa condição humana, quer através de modalidades da vida ascética, quer pela meditação aprofundada, quer ainda mediante o refúgio em Deus com amor e confiança."*
> *"No* Budismo, *reconhece-se a radical insuficiência deste mundo mutável e se ensina o caminho pelo qual os homens de espírito dedicado e resoluto possam dirigir a suprema iluminação, seja conseguindo um estado de perfeita libertação, seja pelos próprios esforços ou apoiados em ajuda superior."*
> *"Quanto aos* Muçulmanos, *a Igreja igualmente os vê com carinho, porque adoram a um único Deus, vivo e subsistente, misericordioso e onipotente, Criador do céu e da terra, que falou aos homens. A seus ocultos decretos esforçam-se por se submeter de toda a alma, como a Deus se submeteu Abraão, a que a crença muçulmana se refere com agrado... Como conseqüência, valorizam a vida moral e honram a Deus sobretudo pela oração, esmolas e jejum."*
> *"Quanto à* Religião Judaica, *o Concílio recorda o vínculo pelo qual o povo do Novo Testamento está espiritualmente ligado à estirpe de Abraão... Pois a Igreja de Cristo reconhece que os primórdios da fé e de sua eleição já se encontram nos Patriarcas, em Moisés e nos Profetas, segundo o mistério salvífico de Deus... Por isso a Igreja não pode esquecer que, por meio daquele povo, recebeu a revelação do Antigo Testamento e se alimenta pela raiz da boa oliveira, na qual como ramos de zambujeiro foram enxertados os Povos"...* (Declaração *Nostra Aetate*, op. cit., n. 1581-1587)

Os agentes pastorais, no mesmo modo de conduta quanto ao ecumenismo, *serão instrumentos da Igreja* no diálogo e nas relações da Igreja e da comunidade local com as religiões não-cristãs, na tentativa de procurar servir bem nos casos dessas uniões. Iniciativa igualmente importante é procurar as linhas de ação pastoral adequadas existentes na Diocese ou Paróquia sobre as religiões não-cristãs, as pessoas especializadas sobre o assunto, notadamente o assessor espiritual e a hierarquia católica local, ou, ainda, a possível equipe responsável pela reflexão sobre o assunto na Diocese ou Paróquia.

Esse consenso dos agentes pastorais, preocupados com as uniões com disparidade de culto sem o Sacramento, poderá ajudar e contribuir para os tempos preconizados pelo Concílio Vaticano II:

> *Em nossa época, quando o gênero humano dia a dia se une mais estreitamente e se ampliam as relações entre os diversos povos, a Igreja considera mais atentamente qual deve ser a atitude para com as religiões não-cristãs. No seu dever de promover a unidade e a caridade entre os homens, e mesmo entre os povos, considera aqui sobretudo o que é comum aos homens e os move a viver juntos o seu destino!* (ibid., n. 1.578)

3. Das uniões "incompletas"

3.1. Dos separados e divorciados sem nova união

3.1.1. Das causas das separações e divórcios

O próprio papa João Paulo II discorre sobre esse assunto:

"Motivos diversos, quais incompreensões recíprocas, incapacidades de abertura a relações interpessoais etc., podem conduzir dolorosamente o matrimônio válido a uma fratura muitas vezes irreparável. Obviamente que a separação deve ser considerada remédio extremo, depois que se tenham demonstrado vãs as tentativas razoáveis" (*Familiaris Consortio*, n. 83).

Realmente, *inúmeros motivos* acontecem para a dolorosa ocorrência das separações em um matrimônio válido. O papa enumera alguns: incompreensões recíprocas, incapacidades de abertura a relações interpessoais etc.: a enumeração é exemplificativa. Existem outras causas, como mostramos no capítulo I, que o Congresso do Cone Sul resume em poucas palavras: a mentalidade pós-moderna, a crise cultural, a relatividade da moral, o desinteresse do Estado em relação à estabilidade matrimonial e familiar, a legislação cada vez mais permissiva, o espírito imediatista das pessoas e, infelizmente, a formação insuficiente de inúmeros cristãos. Neste aspecto, cumpre, ainda, ressaltar:

> *"As causas das situações irregulares nem sempre têm de ser buscadas nem nas estruturas legais, nem nas econômicas e culturais. Tampouco, só na malícia e na maldade de quem se vê imerso nestas situações. A Igreja é muito mais crítica das culpas que vêm de fora que de si mesma, de suas estruturas, de seu modo de agir!"* (*La Pastoral...*, op. cit., 124).

A preparação dos casais para contrair o matrimônio e o acompanhamento imediato dos novos casais são missões necessárias e essenciais da comunidade eclesial. Para mais uma reafirmação, repetimos as sábias ponderações do Conselho Pontifício da Família:

> *"A Igreja deve dar toda a importância à catequese sobre o valor e o significado do amor conjugal e familiar em todas as épocas das atividades catequéticas pré-matrimoniais!"* (Conselho Pontifício da Família, já citado).

O papa João Paulo II adverte:

> *"Mais uma vez se manifesta toda a urgência e a necessidade de uma evangelização e catequese pré e pós-matrimoniais, feitas por toda a comunidade cristã, para que cada homem e cada mulher que se casam possam fazê-lo de modo a celebrarem o Sacramento do matrimônio não só válida, mas também frutuosamente"* (*Familiaris Consortio*, op. cit., n. 68).

3.1.2. Dos efeitos das separações e dos divórcios

Os efeitos das separações e dos divórcios são enfatizados em toda a realidade pelo papa João Paulo II: "A solidão e outras dificuldades são muitas vezes herança para o cônjuge separado, especialmente o inocente" (ibid., n. 83).

Realmente, o problema da solidão atinge os separados, sejam quais forem os motivos dessa separação, tornando-se um problema assustador, um "fantasma" que é necessário exorcizar de qualquer maneira. A solidão não determina somente um isolamento emocional e um parcial isolamento social. Também abala as relações mais chegadas e mais íntimas. O separado representa uma ameaça às uniões das outras pessoas: "Se aconteceu com ele(a), pode acontecer conosco!". Os separados também são objeto de juízos muito severos, atingidos por atitudes moralistas, marginalizados e excluídos.

E não é só isso: a separação atinge a personalidade do separado. Os problemas passam a ser enfrentados, quando o são, de modo diferente. Ele(a) se vê obrigado(a) a estabelecer as coordenadas culturais, sociais, psicológicas e emocionais através das quais possa seguir vivendo sem incertezas. Além disso, há outras conseqüências importantes: a apatia, a dor, o sentimento de fracasso e a sensação da perda da sua permanência no seio da Igreja. Pelo menos, ele(a) fica normalmente excluído(a) dos grupos de casais que freqüentou durante quase toda uma existência.

3.1.3. Da ação pessoal de recuperação

Muitas vezes o separado fica a se perguntar: "Onde foi o erro? De quem foi? Quando as coisas mudaram? Por que não se pôde dar um jeito de reconciliação?"

Inegável, como até lembra João Paulo II, que a separação pode levar a uma fratura irreparável. A própria identidade do separado parece desaparecer: o casamento dizia o que ele era, o que devia fazer, o que sentir ou como se comportar...

✧ E agora?

> *"Há necessidade de sair desse estado confuso e delicado para manter o equilíbrio do indivíduo. Impõe que ele(a) se esclareça e à sua história com razões bem fortes e lúcidas. É preciso acabar com as cicatrizes, conseguir analisar a relação passada com serenidade. Assim, terá um progresso da consciência em si, dos seus próprios limites e das possibilidades concretas."*
> *"É difícil dar-se conta dos erros passados, sentir a sua própria imaturidade na relação anterior. O(a) separado(a) precisa avaliar os fatores do seu casamento passado e colocar-se em condições de compreender a si, ao seu passado e ter vistas para o futuro, tanto pessoal e social como religioso"* (Edoardo Giusti, *A arte de separar-se*, Nova Fronteira, 4ª ed., 69-71)

3.1.4. Das sugestões pastorais

Na maioria das vezes, muitos separados procuram psicólogos, analistas, para poderem vencer todas essas dificuldades e seguir a sua vida em paz. Nem sempre encontram as respostas aos seus anseios e preocupações. *Eles precisam colocar-se no presente para olhar para o futuro. Sem uma espiritualidade e uma fé vivas, eles não conseguirão completamente os seus objetivos.*

Por isso o sentido e a importância de uma ação pastoral adequada para esses casos. O papa João Paulo admoesta:

> *"Em tal caso, a comunidade eclesial deve ajudá-lo mais que nunca; demonstrar-lhe estima, solidariedade, compreensão e ajuda concreta de modo que lhe seja possível conservar a fidelidade mesmo na situação difícil em que se encontra, ajudá-lo a cultivar a exigência do perdão, própria do amor cristão e a disponibilidade para retomar eventualmente a vida conjugal anterior"* (*Familiaris Consortio*, op. cit., n. 83).

Assim, podemos tentar enumerar ações pastorais práticas para essa situação especial:

- procurar conhecer *o que são* essas pessoas separadas;
- *acercar-se e acolhê-las*, pois senão não haverá possibilidade de ajuda;
- procurar fazer com que elas *procedam a um claro discernimento de suas rupturas* para evitar novos erros;
- procurar *manter os separados na fidelidade ao matrimônio anterior*, apesar da impossibilidade de reconciliação;
- fazê-los sentir *a existência de verdadeira comunidade eclesial e a preocupação dela com os seus membros*;
- ajudá-los *no aprimoramento da mentalidade* a fim de sentirem novamente a liberdade de agir;
- procurar fazê-los ficar maduros na fé para que entendam *o sentido da fidelidade ao seu casamento* que está rompido, mas não deixou de existir;
- procurar partir para uma ajuda espiritual respaldada *no testemunho de vida* da própria comunidade;
- oferecer aos separados o momento de acentuar *o testemunho do valor da fidelidade diante de toda a comunidade*;
- procurar, com essa ação, acentuar *uma nova cultura de fidelidade* na comunidade e na Sociedade;
- realizar encontros para ajudar os separados *a participarem de novo* da comunidade e dos ministérios possíveis;

- estabelecer-lhes *uma caminhada em grupos*, pois só com o apoio e a co-participação, passo a passo, conseguirão crescer na espiritualidade, na abertura para uma vida de amor, para desenvolver o espírito de fraternidade e paz.

Medard Laz observa quanto ao problema da separação ou divórcio:

"Você não está só no que está sentindo. Você está inteiramente envolvido(a) por um dos maiores mistérios da vida, da morte e da ressurreição. Tudo o que é material e humano pode morrer. E porque você é humano(a), é possível que seu casamento venha a morrer. Isso não quer dizer que vocês dois foram um fracasso completo. É bem possível que você tenha dado tudo de si. Mas, por algum motivo, seu casamento não sobreviveu. O importante é que você precisa ressuscitar para encontrar uma nova vida. Morte e Ressurreição constituem elementos fundamentais da vida!" (Medard Laz, *Divórcio, separação. E depois?*, Santuário, 1992, 5-6).

Enfim, os agentes pastorais estejam certos de que:

---

este é o momento de lhes apresentar as verdadeiras exigências do Evangelho... do seguimento mesmo até a Cruz. Não se trata de apresentar "a cruz de ficar só", senão "a cruz como sinal e expressão de fidelidade ou de amor também a Deus até o extremo!" (*La Pastoral...*, op. cit., 164).

3.2. Dos viúvos e das viúvas

3.2.1. Problema da solidão

A solidão atinge de maneira dolorosa ao viúvo ou à viúva. Os questionamentos interiores se sucedem: "Por que aconteceu? Por que Deus permitiu tal evento? Ele ou ela era tão bom(boa), tão amigo(a), tão necessário(a) para minha vida. Que vou fazer agora? O que sou eu que não tenho mais o meu parceiro (ou parceira)?"

A experiência da viuvez costuma ser acompanhada de solidão, sofrimento e desamparo. No casamento a pessoa se considerava metade do casal, parte do casal. Uma pessoa particular pertencia a ele(a) e ele(a) pertencia a determinada pessoa. Agora começa a verdade da chegada "em casa". Assim como a esposa adquire a expressão e a identidade do esposo, assim o marido se realiza na mulher.

Como marido, ele estava satisfeito com seu papel de "homem da casa". Como esposa, ela se comprazia com o papel de "dona de casa". Os viúvos sentem muitas vezes a dificuldade de fazer as coisas mais corriqueiras da casa, de se descontrair, de saber onde ir, onde passar os fins de semana. Colocam-se diante de um espelho e se vêem com o olhar triste, com o semblante "murcho", sem novos horizontes. O amor arraigado pelo outro parece sufocar os seus pensamentos e as suas ações. A sua fé em Deus fica abalada, as suas atividades na Igreja restam sem sentido, a sua caminhada de espiritualidade, sem um objetivo definido.

Normalmente, sozinhos, apesar da existência de filhos ou de outros agregados da casa, sentem-se frustrados e incapazes de seguir a educação e o futuro dos seus entes queridos: *Como proceder para que eles vivam a sua independência, gozem de paz na mente e no coração, partam para um novo começo, para uma nova construção de vida familiar, para ter uma nova alegria, sentir a sua importância para os outros, viver a segurança emocional e ocupacional e fazer novas âncoras para o barco de sua vida, tanto temporal como espiritual?*

3.2.2. Das sugestões pastorais

Este é, normalmente, o quadro que se apresenta aos agentes pastorais que querem dedicar-lhes a sua ação evangelizadora e inseri-los, nessa nova condição, na vida da Igreja.

Para isto, haverá a necessidade da implantação de uma ação pastoral e de uma estrutura adequadas, que tenham, em síntese, como objetivos:

- a procura da análise de cada caso para prestar-lhes a ajuda pastoral mais consentânea;
- a procura de uma atuação mais próxima quando eles estão completamente sós;
- a procura da sólida integração deles à família e à comunidade;
- a procura da compreensão e certeza de que existe uma estrutura a que eles podem recorrer;
- a procura da serena colocação de que o(a) companheiro(a), que partiu, está participando de uma nova vida de felicidade e paz;
- a procura de fazê-los crescer em uma fé robusta que lhes motive a esperança e a realização de uma nova vida em seus caminhos;
- a procura de que se sintam úteis para a família e a comunidade;
- a procura de que construam "uma cultura de fidelidade" para si, para a família e para com Deus;

- a procura de que estabeleçam um novo projeto de vida, avaliando com ponderação a sua nova situação e, até, a possibilidade de novo matrimônio;
- a procura da realização de encontro próprio para o crescimento na espiritualidade, na fé e na doação para a família e para Deus;
- a procura da implantação de uma caminhada em grupos, para que se integrem em uma pequena equipe de reflexão, de escuta da Palavra e de co-participação nas dificuldades e em novas vias de atividades na comunidade eclesial.

Ensina Pe. Jaime Fernández Montero:

> *A Pastoral Familiar deve estar atenta para estender as suas mãos a essas pessoas sofredoras para ajudá-las a viver sua realidade de tal maneira que as faça crescer. Deve abrir-lhes novas perspectivas para preencher o seu vazio!* (*Pastoral Familiar – Manual*, op. cit., 5)

3.3. Dos pais e mães solteiras

3.3.1. Das situações reais de vida

É evidente que a condição dessas pessoas tem aspectos similares aos dos separados, mas existem aqueles que lhes são próprios. Elas não apresentam em suas vidas os conflitos de separação que precedem a uma ruptura matrimonial, mas carregam consigo outros dolorosos problemas: a decepção com o(a) parceiro(a) que não assumiu as devidas responsabilidades com relação ao filho ou filhos que tiveram no seu relacionamento íntimo; a discriminação que sofre a mãe solteira devido a essa condição; as responsabilidades advindas das ações e decisões, administradas de maneira isolada; as dificuldades na manutenção e educação do(s) filho(s); a preocupação para o encaminhamento da família nos planos humanos e divinos etc.

De modo geral, não existe a integração dessas pessoas com a sociedade, como também lhes falta um definido caminho de Igreja, sentindo-se abandonados à própria sorte e esquecidos pela comunidade. A solidão costuma ser sua companheira, enquanto dividem o tempo entre a casa e o trabalho fora do lar, muitas vezes tendo de deixar o(s) filho(s) sozinho(s) em um local desprovido de conforto e carinho.

3.3.2. Das sugestões pastorais

As sugestões pastorais assemelham-se muito àquelas apontadas para os separados:

- a procura de que possam evoluir como pessoas e como chefes da família;
- a procura de uma maneira de aproximação e de acolhimento dessas pessoas para a missão de ajudá-las em seus problemas;
- a procura de avaliação das situações em que se encontram e das condições de sua adaptação ao abandono ocorrido;
- a procura de ajuda ao desempenho como chefes de família, aconselhando e incentivando as suas ações para o crescimento de seu lar;
- a procura do desenvolvimento no desempenho da educação do(s) filho(s);
- a procura de sua inserção na sociedade e na Igreja, em atividades adequadas às suas condições;
- a procura da compreensão da necessidade de um novo projeto de vida e da ponderada prevenção sobre um novo relacionamento, notadamente quando procurado como "solução" para seus problemas;
- a procura dos momentos fortes para as tentativas de aproximação e encaminhamento para uma adequada evangelização;
- a procura da realização de encontros com o objetivo da preparação e inclusão deles em uma vida concreta de família e de Igreja;
- a procura do necessário planejamento de uma caminhada de experiência comunitária para o crescimento dessas pessoas na espiritualidade, no diálogo, no desempenho no lar, na co-participação com pessoas de idêntica situação e na inserção em ministérios possíveis no seio da comunidade eclesial.

A atuação da Igreja, assim, deve ser desenvolvida com extrema urgência para esses pais e mães solteiros, "começando a andar onde se deveria estar caminhando há muito tempo". As recomendações de Pe. Jaime Fernández Montero são oportunas:

> *Se a Igreja não tiver organizações bem estruturadas que se preocupem em sair ao encontro desta enorme quantidade de mães (e pais) solteiros, sua Pastoral tenderá a um perigoso vazio!* (ibid., 21)

4. Dos casais em segunda união

4.1. A dor e a esperança

Os membros desta ação pastoral passaram, um dia, por uma separação ou divórcio e adentraram o caminho da segunda união, ferindo, com isso, o matrimônio sacramental anterior de um deles ou de ambos, na procura humana de não viverem solitários.

Em cada um ou em ambos, como novo casal, pode ocorrer uma situação de desnorteamento e de desespero diante do conflito íntimo entre a crença professada e o fato acontecido, uma evidência de fracasso, da ruína de uma vida de princípios, a experiência de uma morte em plena vida. Sobre isto, bem lembram os bispos alemães, citados por Pe. Luciano Scampini:

> *"Esses casais, em relação à sua situação de divorciados recasados, apresentam, quanto aos aspectos humanos por eles experimentados, 'a desilusão, a tristeza, o isolamento, o complexo de culpa, o medo de condenação, as depressões, as dúvidas e feridas psíquicas', bem como, quanto à sua situação religiosa, 'as incompreensões, as rejeições, a sensação de abandonados pela Igreja!"* (*Os divorciados recasados*, Ser, 1996, p. 26).

Enfim, eles sentiram o vazio resultante de um sentimento de perda da vida eclesial e da proximidade com Cristo. Mas eles não desanimavam... Não perdiam as esperanças... Não deixavam de acreditar no Deus misericordioso. *Esses casais amavam e amam a Igreja,* não queriam seguir por caminhos fáceis ou por intransigências quanto à sua situação ou por invectivas contra o próprio Deus.

Um dia, a mão estendida, a compaixão de Jesus, se mostrou e se fez participante da vida desses casais, "porque eram como ovelhas sem pastor" (Mc 6,34). E o coração misericordioso de Cristo veio iluminar esse quadro de aparente falência e fracasso, de dor e de morte:

> *"Eu vim não para condenar, mas para salvar!"* (Jo 12,47).

E essa mão estendida de Cristo se fez presente por meio da ação da Igreja, que repetiu aquelas palavras:

> *"Jesus veio para salvar; a Igreja existe para salvar!"* (*Os divorciados recasados*, op. cit., p. 14).

É evidente que a Igreja tem como seu dever fundamental reafirmar e defender a indissolubilidade do Matrimônio e o depósito da fé. Mas a Igreja sabe, também, como acentuou na última Conferência de Santo Domingo,

> *"que o resultado da realidade da situação dos Casais em Segunda União e demais situações especiais advém, para grande parte dos que se casam, do desconhecimento de que o matrimônio e a família fazem parte de um projeto de Deus e de que o convite é para realizá-lo no amor e na fidelidade até a morte"* (*4ª Conferência de Santo Domingo,* op. cit., 210-217).

4.2. A natureza da ação pastoral

Essa ação pastoral tem, como sua natureza, de constituir "uma ação pastoral de Misericórdia e de Verdade", situações que devem ser vivenciadas pelos casais em segunda união. Como deverá ser, na prática, a caminhada de experiência comunitária desses casais para desempenharem uma vida cristã de evangelização e conversão?

Sem dúvida, os seguintes itinerários:

- a conscientização da misericórdia de Deus e da Igreja, que os chamam e convidam a uma vida de comunhão da Palavra, de oração, de fraternidade, de comunidade e caridade, e da certeza de que são, também, filhos de Deus e membros da comunidade eclesial pelo seu Batismo, de que podem conservar a sua fé cristã, não mais sendo considerados separados de Cristo e da Igreja: "Os Casais estão na Igreja, podem esperar alguma coisa da Igreja e podem doar algo à Igreja!" (*Os divorciados recasados,* op. cit., p. 32);
- a conscientização de que, em decorrência, devem procurar fazer de sua nova união um sinal de unidade, de fidelidade e de indissolubilidade, na busca de seguir, também, "o ideal pleno do Matrimônio cristão". É uma atitude de receptividade a tudo aquilo que esse ideal exige, procurando realizar uma comunidade de vida e amor, e esforçando-se por retomar, com mais firmeza que no passado, o projeto de amor único, fiel e indissolúvel, à imagem do amor de Cristo pela Igreja;
- a conscientização de que Deus chama, também, esses casais a ser instrumentos na vida da Igreja, oferecendo-lhes a honrosa missão do acolhimento dos irmãos em idêntica situação, da firme defesa e valorização dos sacramentos do Matrimônio, da Penitência e da Eucaristia pelas suas voluntárias abstenções, do apostolado da piedade eu-

carística pela renovação das visitas ao Santíssimo Sacramento e das comunhões espirituais, e da inserção dos irmãos em segunda união nos ministérios possíveis na comunidade eclesial;

- a conscientização de que essa conduta, direcionada à realização de uma comunidade de vida e amor e à busca do ideal pleno do matrimônio cristão, não afasta a observância, pelos casais, do princípio da verdade. Eles devem se colocar, assim, diante da evidência de suas condições, em uma efetiva perspectiva cristã quanto ao não-recebimento dos sacramentos do Matrimônio, da Penitência e da Eucaristia: é o reconhecimento sincero de que foram, um dia, um sinal de ruptura do amor de Cristo pela Igreja;
- a conscientização de que isto não significa que os casais se mantenham em um complexo de culpa ou se coloquem em uma atitude subserviente ao Magistério da Igreja, mas que se solicita que admitam o direito honesto e leal de se pedir deles uma atitude de compreensão de suas situações especiais, sem arrogância e sem bravatas, com humildade e espírito de serviço à Igreja. É a consciência de terem feito, em suas vidas, uma opção (a segunda união) que normalmente não teriam o direito de realizar.

Mas, ao mesmo tempo em que os casais passam a colocar o espírito confiante na lei divina e nas disposições da Igreja, com a clara visão de sua condição, eles terão, também, a certeza de que os caminhos de Deus são muitos e ilimitados.

Todas essas realidades, em sua vida, passam a significar que eles estão seguindo uma estrada para o Senhor na caridade de seu acolhimento, na vivência de uma união séria, fiel e persistente, na verdade de uma visão cristã e na convicção de que personificam, concretamente, as situações um dia colocadas por Ele em Isaías e Mateus:

"A cana, embora fendida, e o pavio, ainda fumegante!" (Is 42,1-4; Mt 12,20-21)

4.3. As Sugestões Pastorais

❖ Como os Agentes Pastorais devem agir para se constituírem como lídimos instrumentos de Deus nos caminhos dos casais em segunda união?

Os autores vêm indicar, com a devida vênia, a implementação da Caminhada de Experiência Comunitária dos Casais em Segunda União existente na Diocese de Jundiaí – SP. Essa ação pastoral foi estabelecida em função das experiências concretas vivenciadas pelos grupos de casais, já indo para dez anos. Assim, as realidades e estruturas contidas nessa ação pastoral são o resultado dos pensamentos, das co-participações, dos aprendizados e das descobertas, partilhados, passo a passo, pelos Grupos de Casais em Segunda União pioneiros, pela Assessoria e Coordenação Diocesanas, acompanhados e conduzidos pelos seus pastores, Dom Roberto Pinarello de Almeida e Dom Amaury Castanho, atual titular da Diocese.

O desenvolvimento dessa ação pastoral foi muito expressivo, tendo já a Diocese quarenta grupos paroquiais de casais em segunda união, sendo que essa experiência foi levada a mais de 150 Dioceses em todo o Brasil, havendo os autores participado, pessoalmente, de Encontros de Formação do Clero e Dirigentes Leigos, em cinqüenta Dioceses do país.

A referida Caminhada de Experiência Comunitária dos Casais em Segunda União da Diocese de Jundiaí foi registrada, pelos autores, em cinco livros, editados pela Diocese. O primeiro livro (*Uma experiência pioneira*) contém a estrutura básica da Pastoral, bem como a amostragem de vários aspectos referentes à Coordenação, aos Casais-piloto, ao Encontro de Acolhimento. Apresenta, ainda, as três primeiras fases da Caminhada (o Acolhimento, a Missão dos Casais e a Peregrinação pela História da Salvação), que se compõem de unidades temáticas seqüenciais que formam as referidas fases, para um itinerário previsto de cinco anos. O terceiro e o quarto livros (*O caminho da salvação* e *A ação de graças*) contêm a quarta, a quinta, a sexta e a sétima fases (O Caminho de Cristo, O Caminho da Igreja, O Caminho de Maria e da Ação de Graças).

O segundo livro (*Questões e critérios*) apresenta as sugestões, por meio do sistema de perguntas e respostas, dos grandes princípios e critérios sobre a ação pastoral. O quinto livro (*Uma visão geral da ação pastoral*) foi escrito com o intuito de oferecer um resumo sucinto de todas as obras.

O primeiro e o segundo livros foram, também, editados pela Loyola em agosto de 2002 e março de 2003, com os seguintes títulos: *Casais em segunda união – Uma experiência pioneira* e *Casais em segunda união – Questões e critérios*, podendo ser procurados junto à editora ou em qualquer livraria católica do país, os quais são básicos para o conhecimento inicial da caminhada e dos princípios e critérios dessa ação pastoral.

Os demais livros poderão ser, ainda, solicitados à Assessoria da Pastoral, ao seu Departamento de Livros ou à Secretaria da Cúria Diocesana de Jundiaí.

A apresentação e os comentários sobre essa ação pastoral junto aos casais em segunda união se encerram com as palavras sábias e paternais do Papa João Paulo II:

Juntamente com o Sínodo, exorto vivamente os Pastores e a comunidade inteira dos fiéis a ajudar os divorciados (Casais em Segunda União), procurando, com caridade solícita, que eles não se considerem separados da Igreja, podendo, e, melhor, devendo, enquanto batizados, participar da sua vida.
Sejam exortados a ouvir a Palavra de Deus, a freqüentar o Sacrifício da Missa, a perseverar na oração, a incrementar as obras de caridade e as iniciativas de justiça, a educar os filhos na fé cristã, a cultivar o espírito e as obras de penitência, para assim implorarem, dia a dia, a graça de Deus.
REZE POR ELES A IGREJA, ENCORAJE-OS,
MOSTRE-SE MÃE MISERICORDIOSA,
E SUSTENTE-OS NA FÉ E NA ESPERANÇA! (*Familiaris Consortio*, op. cit., n. 84)

Capítulo XII

A pastoral familiar e os casos especiais

1. A Pastoral Familiar

A família é muito importante nos planos de Deus. Ela é uma instituição divina desde os primórdios da humanidade. Quando o Senhor planejou a encarnação de seu Filho, quis que Jesus nascesse em uma família.

São Paulo bem refletiu e colocou o sentido do matrimônio e da família:

> *"Sejam submissos uns aos outros no temor a Cristo. Mulheres, sejam submissas a seus maridos, como ao Senhor. De fato, o marido é a cabeça de sua esposa, assim como Cristo, Salvador do Corpo, é a cabeça da Igreja. E assim como a Igreja está submissa a Cristo, assim também as mulheres sejam submissas em tudo a seus maridos... Maridos, amem suas mulheres como Cristo amou a Igreja e se entregou por ela; assim Ele a purificou com o banho de água e a santificou pela Palavra... Filhos, obedeçam aos pais no Senhor, pois isso é justo... Pais, não dêem aos filhos motivo de revolta contra vocês"* (Ef 5,21-33 e 6,1-4).

O Concílio Vaticano II acentua esses aspectos:

> *"A família é em certo sentido uma escola de enriquecimento humano. Mas, para atingir a plenitude de sua vida e de sua missão, requer a comunhão de alma no bem-querer, a decisão comum dos esposos e a diligente cooperação dos pais na educação dos filhos"* (*Gaudium et Spes*, op. cit., n. 52)

Assim, o papel da Pastoral Familiar é de extrema importância. Ela trata da família em variados aspectos e se dirige a todos os seus membros:

"Como toda a realidade vivente, também a família é chamada a desenvolver-se e a crescer. Depois da preparação do noivado e da celebração sacramental do matrimônio, o casal inicia o caminho quotidiano para a progressiva atuação dos valores e deveres do próprio matrimônio... Sublinha-se, portanto, uma vez mais a urgência da intervenção pastoral da Igreja em prol da família. É preciso empregar todas as forças para que a Pastoral da Família se afirme e desenvolva, dedicando-se a um setor verdadeiramente prioritário, com a certeza de que a evangelização, no futuro, depende em grande parte da Igreja doméstica!" (*Familiaris Consortio*, op. cit., n. 65).

Ainda acrescenta o papa João Paulo II:

"A ação pastoral é sempre expressão dinâmica da realidade da Igreja, empenhada na missão de salvação. Também a Pastoral Familiar – forma particular e específica de Pastoral – tem como seu princípio operativo e como protagonista responsável a mesma Igreja, por meio das suas estruturas e dos seus responsáveis!" (ibid., n. 70).

1.1. Visão geral da Pastoral Familiar

Em virtude da dificuldade de uma definição de Pastoral Familiar (um conceito estrito foi colocado no capítulo X), pode-se partir para uma visão em conjunto de sua atuação.

A Pastoral Familiar trata de uma realidade – a Família – que abarca toda a vida do ser humano, desde a sua concepção até a morte, passando por diversas fases da existência e da história humanas. Ela não se restringe, deste modo, a determinadas fases ou situações, como o cuidado específico da criança, do jovem ou do casal.

A Pastoral Familiar se insere, assim, de maneira admirável, na ação pastoral de toda a Igreja: é evangelizadora, profética e libertadora, anunciando o Evangelho do amor filial, conjugal, familiar e comunitário, bem como o valor do Sacramento do Matrimônio e da família como agente e sujeito da transformação da sociedade (cf. *Estudos da CNBB 65*, op. cit., 15-17).

1.2. Pressupostos da Pastoral Familiar

A Pastoral Familiar tem como característica constituir uma prioridade básica, sentida, atuante e real, na vida da Igreja. Como diz o Cardeal

Dom Eugênio de Araújo Sales, "ela versa sobre a família, que é o fundamento da Igreja". *É uma ação que se realiza na Igreja, com a Igreja e pela Igreja.* É, pois, uma pastoral complexa e abrangente, que trata da família em suas múltiplas dimensões, exigindo dela *um profundo inter-relacionamento com as demais pastorais da Igreja.*

A Pastoral Familiar tem dimensão própria, porém *não é um órgão sempre iluminador, mas também é iluminado.* Assim, a sua tarefa é tornar os grupos de Igreja atentos à família e coordenar, respeitando a autonomia, os movimentos e serviços que tratem da família, facilitando e procurando a sua inserção e cooperação no plano pastoral familiar da Diocese e das paróquias (ibid., 19-24 e 34).

1.3. Uma ação orgânica

Deste modo, a Pastoral Familiar deve ser uma pastoral orgânica que tem por finalidade, como foi referido, uma evangelização da família com acompanhamento permanente, ao longo da vida familiar, dos casais e filhos; ainda, a formação da família em bases sólidas, à luz dos ensinamentos e valores evangélicos, da doutrina e espiritualidade da Igreja para que seja efetivamente uma comunidade de pessoas e a vivência sacramental do Matrimônio. Todos os agentes que nela atuam e todos os setores da Diocese ou Paróquia devem se convencer de que o trabalho neles desenvolvido *é resultante de uma ação conjunta,* todos contribuindo e se direcionando para colocar a dimensão familiar como célula primeira na vida da Igreja.

A Pastoral Familiar não deve permitir que os seus agentes e os setores constituam um novo alinhamento, com atividades separadas e autônomas. Mesmo os movimentos e serviços com atividades características de Pastoral Familiar, tanto na Diocese como nas paróquias, devem se voltar para um verdadeiro intercâmbio de forças, com a circulação da vida evangélica sem a perda da autonomia e dos objetivos. A Pastoral Familiar deve resultar numa atividade orgânica em que todos os seus componentes estejam atentos ao trabalho *em sintonia com as demais,* sabendo aproveitar das oportunidades oferecidas ao seu campo específico de ação pastoral.

1.4. Dos agentes responsáveis

O assunto já foi colocado quando das tratativas anteriores sobre os agentes pastorais do Setor das Famílias em Situações Especiais. É necessário, todavia, acentuar algumas outras ponderações específicas. A Pastoral Familiar resulta de todo um conjunto de ação da Igreja em relação ao Matrimônio, à conjugalidade e à espiritualidade familiar. É orientada e dirigida pelos agentes de Igreja em todos os seus níveis, nas linhas de participação, comunhão e co-responsabilidade.

O primeiro responsável é o Bispo. Os Presbíteros e Diáconos são chamados a auxiliá-los nessa missão, fazendo parte do seu ministério o zelo e o cuidado para com a sua implantação e o seu desenvolvimento nos campos de ação pastoral.

A Pastoral Familiar deve considerar, em sua zelosa atuação, *a família como o sujeito e agente insubstituível de evangelização*: o Senhor envia os casais a trabalhar na vinha, que, neste caso, é sobretudo a família. São características principais da ação evangelizadora da família e da Pastoral Familiar *o testemunho de vida matrimonial*, tanto na ordem sacramental como na natural, e *a vida de diálogo e amor, de comunhão e participação*.

Além disso, também como agentes, estão colocados os movimentos e serviços familiares. Eles têm papel importante na Pastoral Familiar, cada um com seu carisma original, do qual decorrem objetivos e métodos próprios, mas que podem oferecer a sua contribuição e as suas experiências, assumindo projetos, tarefas e serviços de animação da Pastoral. Devem, assim, colaborar para "o caminho de aprendizado e progressão" nos vários momentos vividos pela família, tendo sempre como finalidade *a comum valorização do ideal pleno do Matrimônio cristão e da família como agente de evangelização,* integrando-se, de forma irrestrita, ao serviço da Pastoral Familiar (ibid., 86-92).

1.5. Da organização e da metodologia da Pastoral Familiar

Como um dos setores mais importantes da Igreja, a Pastoral Familiar necessita de uma organização em nível paroquial, diocesano e nacional, com métodos e objetivos definidos, assim como cada setor ou subsetor componente de seu conseqüente planejamento.

Sua estruturação deve se fazer mediante uma Coordenação Nacional, Diocesana ou Paroquial, constituindo, assim, equipes inter-relacionadas que tenham como objetivos e métodos correlatos a animação, o planejamento e a coordenação da Pastoral Familiar em suas áreas de abrangência. A Pastoral Familiar, assim como qualquer de seus setores e subsetores, não é um novo movimento ou serviço que surge, nem é criada para competir com os demais setores familiares já existentes.

Seus principais direcionamentos devem levar a acolher, com amor e simplicidade, todas as pessoas, movimentos e serviços que trabalham em prol da família e animar, estimular e apoiar o trabalho diligente, estabelecer orientação e linhas comuns para a ação pastoral em todos os setores e servir de elo de ligação entre a Diocese, as paróquias, os movimentos e serviços quanto a essa ação pastoral (ibid., 94-99).

1.6. Da estrutura mínima

A Coordenação Diocesana ou Paroquial da Pastoral Familiar, para cumprir os objetivos e métodos da Pastoral, deve criar uma estrutura mínima de organização, na qual cada Coordenação setorial ou subsetorial tenha tarefas e responsabilidades definidas. Assim, há real necessidade da existência de Assessor Espiritual, Casal Coordenador e Vice-Coordenadores da Pastoral, bem como de idêntica providência em seus setores e subsetores.

Essas etapas, segundo a Exortação Apostólica *Familiaris Consortio*, devem fixar os setores e subsetores da Pastoral na Diocese e nas paróquias, notadamente o Setor Pré-Matrimonial, o Setor Pós-Matrimonial e o Setor dos Casos Especiais ou de Famílias em Situações Especiais, e dos seus respectivos subsetores, com os seus princípios e atribuições (ibid., 31-85 e 101-105).

❖ ❖ ❖

Enfrentamos, em nossos dias, uma luta histórica em que se "joga" o futuro da humanidade. Referimo-nos ao empenho incessante na defesa e valorização da família, esta pequena Igreja doméstica, que tem por missão anunciar o Evangelho da Vida, o Evangelho do Amor. A família não só é uma boa notícia. *É uma grande notícia*, que põe a Igreja e a Sociedade em movimento, que dá vida e esperança à Igreja e à Sociedade:

> *"Sem a família não há futuro e esperança!"* (*Familiaris Consortio*, op. cit., Conclusão)

A Pastoral Familiar precisa atuar neste contexto, partindo para um novo estilo, em estreita colaboração com os seus setores e as demais pastorais e no intuito da busca de uma nova mentalidade, de uma nova cultura de família:

A PASTORAL FAMILIAR E A PASTORAL DA VIDA CAMINHAM JUNTAS!

2. A Pastoral Familiar e o Setor dos Casos Especiais

Segundo as serenas sugestões das Conclusões da Reflexão de Trabalho, estabelecidas pelo Congresso do Cone Sul de Pastoral Familiar, que tratou, como referido, de uma Pastoral das Famílias em Situações Irregulares, a referência *à atitude pastoral de Jesus e à sua atualização* de parte da Igreja, exige uma ação pastoral acolhedora e misericordiosa, tanto na defesa e na valorização dos sacramentos do Matrimônio, da Penitência e da Eucaristia como na busca e na recepção das pessoas ou casais em situações especiais.

É a necessidade e *a urgência de se abarcar* não só o aspecto da real prevenção e assistência aos casais que procuram ou contraem o Matrimônio, com uma sábia e incisiva ação educadora, como também da postura de uma ação pastoral adequada e própria quanto aos casos especiais.

Deste modo, para se atingirem esses objetivos, os agentes da Pastoral, em seus vários setores, *só serão verdadeiros e eficazes se agirem integrados à Pastoral Familiar em geral.* Somente assim poderão chegar a uma ação pastoral na qual todos, sem se diminuir a importância das partes, *falem a efetiva linguagem da misericórdia no acolhimento e da caridade na verdade*, e busquem uma postura ordenada e concreta na caminhada de evangelização e de crescimento na fé, na espiritualidade, na formação cristã e comunitária, de todas as pessoas e casais inseridos nas famílias existentes na Diocese ou nas Paróquias.

O Congresso insiste, como órgão de serviço à Igreja, que se devia tomar uma consciência clara da responsabilidade pastoral junto às famílias componentes das diversas situações especiais, que são, muitas vezes, como lembra João Paulo II, "dramáticas". Necessitam, assim, os homens da Igreja e, notadamente, da Pastoral Familiar, assumir efetivamente esse dever e "fazer andar o que deveria estar caminhando há muito tempo". Se essas famílias fossem questionadas sobre como têm percebido a ação da Igreja e da Pastoral Familiar em relação a elas, diriam, possivelmente, que se sentem abandonadas, *como ovelhas de segunda, de terceira, ou de nenhuma categoria.*

Ou a Igreja e a Pastoral Familiar estariam somente fazendo um ato "de caridade", "de piedade", "de dó", ao se referirem à necessidade de proteção dessas famílias em situações especiais "no seu seio", "nas suas entranhas"?

Essa atitude não mais pode ser possível nesta ação pastoral de Igreja. A realidade, de maneira geral, não corresponde a uma ação pastoral verdadeira, a não ser a um posicionamento "de misericórdia" ou "de meras palavras" quanto a essas pessoas, casais e famílias. Muitas vezes, ainda muitos homens da Igreja procuram negar a sua identidade de "ação pastoral", ignorando que são setores ou subsetores efetivos da Pastoral Familiar. A linguagem empregada por eles (até de "casos difíceis") coloca a sua identidade de maneira estrita, limitada, com uma postura evangélica inominada ou como sinônimo tão-somente de prestação de uma atitude de "misericórdia" e de "piedade".

Mas uma ação pastoral de Igreja, segundo o "agir" de Jesus, supõe constantemente um outro entendimento de "misericórdia" para com essas pessoas, casais e famílias: o conceito divino difere diametralmente... A linguagem e o pensamento de Deus e da Igreja vão, assim, para outras direções: as vias do acolhimento, do empenho e da regeneração, "incluindo-os nas mesmas condições de Nicodemos" (Jo 3,1-15). Assim, *a misericórdia não significa apenas o apego instintivo de alguém por outro, mas, sobretudo, a relação intrínseca que une indelevelmente dois seres*:

> *"Com isso, a misericórdia recebe uma base bem sólida: não é mais simplesmente o eco de um instinto de bondade, que pode enganar-se quanto ao seu objeto e à sua natureza, mas uma bondade consciente, intencional!"* (*Vocabulário de Teologia Bíblica*, Vozes, 5ª ed., 1992, 594)
> *"A Igreja deve professar a misericórdia como verdade salvífica da fé e procurar introduzi-la na vida de todos os fiéis, como, na medida do possível, na de todos os homens de boa vontade!"* (Encíclica *Dives in Misericordia*, op. cit., n. 12)

Nesta direção estão as colocações de Pe. Nino Carta, então Vigário episcopal do Litoral Norte do Estado de São Paulo (atual Diocese de Caraguatatuba) na carta enviada aos casais em segunda união da Diocese de Jundiaí (SP), em novembro de 1997, que se aplica a qualquer dos casos especiais:

> *"Vejam bem: a Igreja não está fazendo um ato de caridade convidando os Casais em 2ª União (ou das outras situações especiais) para uma ação pastoral. Ao contrário, ela e todos nós, seus Pastores,* estamos reconhecendo que, sem vocês, a nossa caminhada de Igreja não é verdadeira. *Acredi-*

tem, será Cristo, no seu Espírito, que vai nos iluminar! E, com certeza, o caminho dela será Amor, só Amor!"

Finalizando, são dignas de menção e destaque as firmes e serenas ponderações de Pe. René Cesa Cantón:

> *Nesta ótica, a ação pastoral com os que se encontram em situações matrimoniais irregulares (ou nas demais situações especiais) será tanto mais verdadeira e eficaz quanto mais integrada esteja à Pastoral Familiar em geral. Esta se incorpora como um momento particular da mais ampla solicitude que a Igreja está chamada a viver diante dos que se preparam para o matrimônio ou já vivem nele e a ter como objetivo primário atuar para prevenir, no limite do possível, os fracassos matrimoniais e as outras situações especiais e para sustentar as pessoas, os casais e as famílias nos momentos de crise. Neste contexto, a renovação da Pastoral Conjugal e Familiar é um gesto genuíno de caridade até para quem vive em situações matrimoniais irregulares!* (*La Pastoral*, op. cit., 13)

Epílogo

A elaboração de todas essas considerações teve como meta o oferecimento de sugestões e estudos práticos para o estabelecimento de princípios, critérios, linhas de ação pastoral e diretrizes gerais para o Setor dos Casos Especiais da Pastoral Familiar.

O presente trabalho não teve, assim, nenhuma pretensão de transmitir um ensinamento sobre o assunto. Somente foi elaborado com o intuito de colocar as experiências adquiridas em vários lugares, em várias oportunidades e em várias ações comunitárias concretas, que não poderiam nem deveriam ficar escondidas na mente e no coração. Das seguidas e, muitas vezes, sofridas experimentações, oriundas de muitos campos e rincões existentes na Igreja, surgem as luzes que não podem ficar escondidas e devem iluminar todas as grandes tarefas da Pastoral Familiar e da Igreja:

> *"Ninguém acende uma lâmpada para colocá-la debaixo de uma vasilha,* e sim para colocá-la no candeeiro, *onde ela brilha para todos os que estão em casa. Assim também: que a vossa luz brilhe diante dos homens, para que eles vejam as grandes obras que fazeis e louvem ao vosso Pai que está no céu!"* (Mt 5,15-16)

Realmente, "para que brilhem as grandes obras de Deus", urge se partir para a concretização das Linhas de Ação Pastoral e Diretrizes Gerais do Setor das Famílias em Situações Especiais, usando do somatório das experiências vivenciadas sobre esse setor nos mais distantes recantos de nosso país. A doação e o coração devem ser colocados nesta tarefa comum, sentida, co-participada, desde a Exortação Apostólica *Familiaris Consortio*, de 1981, até os momentos finais dos tempos:

"Antes que tudo, comecemos por fazer algo... Declarações já temos suficientes... Faltam-nos agora os fatos... Criar a consciência de não excluir ninguém de nossa ação pastoral e de criar novos serviços adequados para a ajuda e integração dessas situações especiais em nossa pastoral ordinária!" (*La Pastoral*, op. cit., p. 125).

Nesse caminho, todavia, um aspecto fundamental consiste na lembrança e na certeza de que somente serão conseguidos esses intentos, se fizermos da ação catequética da Igreja em qualquer das etapas pré-matrimoniais *oportunidades essenciais de deixarmos impressos na mente e no coração das crianças, meninos, jovens e adultos, o significado e o valor autênticos do Amor e do Matrimônio sacramental.* Sem esse gesto providencial, nada se conseguirá depois: não será no altar que os noivos descobrirão, num repente, a vivência do ideal pleno da unidade, fidelidade e indissolubilidade, que deve acompanhar toda pessoa *desde o interior do útero materno.*

O papa João Paulo II estabelece, em belas e vibrantes palavras, a missão da profícua evangelização quanto ao Amor e ao Matrimônio sacramental como prioridade nas atividades pastorais da Igreja:

> *"A primeira tarefa da família é viver fielmente a realidade da comunhão num constante empenho por fazer crescer uma autêntica comunidade de pessoas. O princípio interior, a força permanente e a meta última de tal dever é o amor:* como, sem o amor, a família não é uma comunidade de pessoas, assim, sem o amor, a família não pode viver, crescer e aperfeiçoar-se como comunidade de pessoas. *O homem não pode viver sem amor. Ele permanece, para si próprio, um ser incompreensível e* sua vida é destituída de sentido se não lhe for revelado o amor, se ele não se encontra com o amor, se não o experimenta e se não o torna algo próprio, se nele não participa vivamente!"
> *"O amor entre o homem e a mulher no matrimônio é animado por um dinamismo interior que conduz a família a uma comunhão, fundamento e obra da comunidade conjugal e familiar.* A primeira comunhão é a que se instaura e desenvolve entre os cônjuges. *Esta comunhão conjugal radica-se na complementaridade natural que existe entre o homem e a mulher e alimenta-se, mediante a vontade pessoal dos esposos, para condividir, num projeto de vida integral, o que têm e o que são: por isso* tal comunhão é fruto e sinal de uma experiência profundamente humana. Porém, em Cristo, Deus assume esta exigência humana, confirma-a, purifica-a e a eleva, conduzindo-a à perfeição com o Sacramento do matrimônio!"

> "*O Espírito presente* na celebração sacramental *oferece aos esposos cristãos* o dom de uma comunidade nova de amor, *que é a imagem viva e real daquela unidade singularíssima, que torna a Igreja o indivisível Corpo Místico do Senhor... revelando, deste modo, à Igreja e ao mundo,* a nova comunhão de amor doada pela graça de Cristo!" (*Familiaris Consortio*, op. cit., n. 18-19)

Tudo isto a Pastoral Familiar, por meio de seus agentes, deve transmitir aos que adentram no mundo também com a missão do amor, levado às últimas conseqüências. Assim, a comunidade futura, a ser formada por esses nascituros e nascidos, será a imagem viva e real da unidade, fidelidade e indissolubilidade do Matrimônio sacramental, da nova comunhão de amor que nos legou Cristo por meio do Espírito Santo.

Essa tarefa e esse encargo não são fáceis... Há necessidade de novos cristãos, de novo ardor, de novos métodos e de nova evangelização...

As nossas limitações são evidentes... Mas a força de Jesus Cristo para nós constitui uma realidade... A luz do Espírito do Senhor nos guiará através dos vales, montanhas e planícies... A graça do Pai também é uma certeza... certeza de que, todos juntos, de mãos dadas e caminhando na mesma direção, *poderemos atingir a meta de mostrar o significado e o valor do Sacramento do Matrimônio,* "da nova comunhão de amor", para que nossos irmãos o possam honrar, dignificar e defender, tanto se tiverem a graça de sua recepção como a necessidade da abstenção voluntária, "cada um na sua atividade própria" (Ef 4,16).

Essa certeza nos foi mostrada, um dia, pelas proféticas palavras de Pe. Jorge Demarchi, nosso Assessor Espiritual, nos primórdios da Caminhada de Experiência Comunitária dos Casais em Segunda União na Diocese de Jundiaí:

Meus filhos, não desanimem!... Nosso Grupo se iniciou na certeza de que Jesus Cristo é maior que as nossas limitações!... Que isto nos inspire em nossa busca!

Bibliografia

Obras utilizadas ou sugeridas

1. Bíblia Sagrada

Bíblia Sagrada. Ed. Pastoral. São Paulo, Paulinas, 1990.
Bíblia Sagrada. *A Bíblia de Jerusalém.* São Paulo, Paulus, 1995.
Bíblia Mensagem de Deus. São Paulo, Loyola, 2002.
Tradução Ecumênica da Bíblia. TEB. São Paulo, Loyola, 2002.

2. Pontifical Romano. De Ordinatione Presbyterorum.

3. Concílio Vaticano II

Compêndio do Vaticano II. 25ª ed., Petrópolis, Vozes, 1996.
Const. *Lumen Gentium.* – Dec. *Apostolicam Actuositatem.*
Dec. *Christus Dominus.* – Dec. *Presbyterorum Ordinis.*
Const. *Gaudium et Spes.* – Dec. *Ad Gentes.*
Declaração *Nostra Aetate.*

4. Magistério Pontifício

Paulo VI. Mens. para o Dia Mundial das Missões. *Insegnamenti X*
_____. Exortação Apostólica *Evangelii Nuntiandi,* 1965.
S. Cong. Doutrina da Fé. Instrução *Matrimonii Sacramentum,* 1966.
João Paulo II. Exortação Apostólica *Familiaris Consortio,* 1981.

_____. Exortação Apostólica *Reconciliatio et Poenitentia.* 1984.

Novo Catecismo da Igreja Católica. Petrópolis, Vozes, 1993.

Carta da Cong. da Doutrina da Fé sobre a Recepção da Eucaristia,1994.

Pontifício Conselho para a Família. XIII Assembléia Plenária, 1997.

Discurso do Santo Padre João Paulo II. XIII Assembléia Plenária, 1997.

5. Encíclicas de João Paulo II

Encíclicas de João Paulo II. Petrópolis, Vozes, 1997.

Redemptor Hominis – Dives in Misericordia – Redemptoris Mater – Redemptoris Missio – Ut Unum Sint

Encíclica *Fides et Ratio*. São Paulo, Paulus, 2ª ed., 1998.

Encíclica *Ecclesia de Eucharistia.* São Paulo, Loyola, 2003.

6. Conferências Episcopais

2ª Conf. Episcopal Latino-Americana, Medellín. São Paulo, Paulinas, 1984.

3ª Conf. Episcopal Latino-Americana, Puebla. Petrópolis, Vozes, 1987.

4ª Conf. Episcopal Latino-Americana, Santo Domingo. São Paulo, Loyola, 1993.

7. Conferência Nacional dos Bispos do Brasil

Comunicado Mensal. CNBB, n. 216-217, 1970.

Orientações Pastorais sobre o Matrimônio. Doc. 12, São Paulo, Paulinas, 1978.

Introdução à Pastoral Familiar. Cons. Ep. Reg. Sul I, Aparecida, Santuário, 1990.

Diretrizes Gerais da Ação Pastoral na Igreja do Brasil. São Paulo, Paulinas, 1991.

Pastoral Familiar do Brasil. Estudos da CNBB 65, São Paulo, Paulus, 1993.

Como organizar a Pastoral Familiar – Subsídios. São Paulo, Paulus, 1994.

Missão e Ministérios dos Cristãos Leigos e Leigas. Doc. CNBB 62, São Paulo, Paulus, 1999.

Pastoral Familiar na Paróquia. SEFAV- CNBB, 5ª ed., 2002.

Diretrizes Gerais da ação evangelizadora da Igreja no Brasil. 2003/2006.

Dcs. CNBB 71. São Paulo, Paulinas, 2003.

8. Documento diocesano

Normas e Diretrizes Diocesanas. Diocese de Jundiaí, 1997.

9. Publicações Diversas (em ordem de publicação)

PRONZATO, Alexandre. *Evangelhos que incomodam*. São Paulo, Paulinas, 1975.

CASTANHO, D. Amaury. *Iniciação à Leitura da Bíblia*. Aparecida, Santuário, 1981.

CIFUENTES, Rafael L. *Novo Dir. Matrim.Canônico*. M. Saraiva, 1988.

LEGRAIN, Pe. Michel. *A Igreja e os Divorciados*. São Paulo, Paulinas, 1989.

ROCCHETTA, Carlo. *Os Sacramentos da Fé*. São Paulo, Paulinas, 1991.

Vocabulário de Teologia Bíblica. Petrópolis, Vozes, 1992.

LAZ, Medard. *Divórcio, Separação. E depois?* Aparecida, Santuário, 1992.

GUIMARÃES, Frei Almir R. *Quando o Sol Desaparece*. Petrópolis, Vozes, 1994.

SCAMPINI, Pe. Luciano. *Os Divorciados Recasados*. Ser, 1996.

MASSERDOTTI, Franco. *A Missão a Serviço do Reino*. Paulus, 1996.

CRUZ, Therezinha Motta Lima da. *Ecumenismo,* São Paulo, Paulus, 1996.

SABUGAL, Santos. *A Igreja Serva de Deus*. São Paulo, Paulus, 1997.

MONTERO, Pe. Jaime F. *Pastoral Familiar. Familias en Situaciones Especiales*. Vicaría para la Familia, 1998.

CELAM. *La Pastoral de las Familias en Situaciones Irregulares*, 1998.

FARIA, D. João Bosco Oliver de. A Pastoral Familiar na Pastoral Orgânica, in *Família: Fidelidade e Felicidade*, SEVAF-CNBB, 1998.

BLANK, Renold J. *Escatologia da Pessoa*. São Paulo, Paulinas, 3ª ed., 2002.

GIUSTI, Edoardo. *A Arte de Separar-se*. Rio de Janeiro, Nova Fronteira, 4ª ed.

CASTANHO, D. Amaury. *Evangelização das Cidades*. Ed. Própria, 2002.

Carta de Recife. Congresso da Pastoral Familiar, 06/08 set., 2002.

OLIVEIRA, João Bosco – OLIVEIRA, Aparecida de Fátima F. *Casais em 2ª União – Uma Experiência Pioneira*. São Paulo, Loyola, 2002.

______. *Casais em 2ª União. Questões e Critérios*. São Paulo, Loyola, 2003.

DISTRIBUIDORES DE EDIÇÕES LOYOLA

Se o(a) senhor(a) não encontrar qualquer um de nossos livros em sua livraria preferida ou em nossos distribuidores, faça o pedido por reembolso postal a Rua 1822 nº 347 – Ipiranga – CEP 04216-000 São Paulo, SP • Caixa Postal 42335 – 04218-970 São Paulo, SP • Telefone (11) 6914-1922 • Fax: (11) 6163-4275 • Home page e vendas: www.loyola.com.br • e-mail: vendas@loyola.com.br

AMAZONAS

EDITORA VOZES LTDA
Rua Costa Azevedo, 105 – Centro
Tel.: (92) 233-5777 • Fax: (92) 233-0154
69010-230 **Manaus**, AM
e-mail: vozes61@uol.com.br

LIVRARIAS PAULINAS
Av. 7 de Setembro, 665
Tel.: (92) 633-4251/233-5130 • Fax: (92) 633-4017
69005-141 **Manaus**, AM
e-mail: livmanaus@paulinas.org.br

BAHIA

LIVRARIA E DISTRIB. MULTICAMP LTDA
Rua Direita da Piedade, 20/22 – Piedade
Tel.: (71) 329-0326 / 329-1381
Telefax.: (71) 329-0109
40070-190 **Salvador**, BA
e-mail: multicamp@uol.com.br

EDITORA VOZES LTDA
Rua Carlos Gomes, 698A – Conjunto Bela Center – loja 2
Tel.: (71) 329-5466 • Fax: (71) 329-4749
40060-410 **Salvador**, BA
e-mail: vozes20@uol.com.br

LIVRARIAS PAULINAS
Av. 7 de Setembro, 680 – São Pedro
Tel.: (71) 329-2477/329-3668 • Fax: (71) 329-2546
40060-001 **Salvador**, BA
e-mail: livsalvador@paulinas.org.br

BRASÍLIA

EDITORA VOZES LTDA
SCLR/Norte – Q. 704 – Bloco A n. 15
Tel.: (61) 326-2436 • Fax: (61) 326-2282
70730-516 **Brasília**, DF
e-mail: vozes09@uol.com.br

LIVRARIAS PAULINAS
SCS – Q. 05 – Bl. C – Lojas 19/22 - Centro
Tel.: (61) 225-9595 • Fax: (61) 225-9219
70300-500 **Brasília**, DF
e-mail: livbrasilia@paulinas.org.br

CEARÁ

EDITORA VOZES LTDA
Rua Major Facundo, 730
Tel.: (85) 231-9321 • Fax: (85) 221-4238
60025-100 **Fortaleza**, CE
e-mail: vozes23@uol.com.br

LIVRARIAS PAULINAS
Rua Major Facundo, 332
Tel.: (85) 226-7544 / 226-7398 • Fax: (85) 226-9930
60025-100 **Fortaleza**, CE
e-mail: livfortaleza@paulinas.org.br

ESPÍRITO SANTO

LIVRARIAS PAULINAS
Rua Barão de Itapemirim, 216 - Centro
Tel.: (27) 3223-1318 / 0800-15-712 • Fax: (27) 3222-3532
29010-060 **Vitória**, ES
e-mail: livvitoria@paulinas.org.br

GOIÁS

LIVRARIA ALTERNATIVA
Rua 70, nº 124 - Setor Central
Tel: (62) 229-0107 • Fax: (62) 212-1035
74055-120 **Goiânia**, GO
e-mail: distribuidora@livrariaalternativa.com.br

EDITORA VOZES LTDA
Rua 3, nº 291
Tel.: (62) 225-3077 • Fax: (62) 225-3994
74023-010 **Goiânia**, GO
e-mail: vozes27@uol.com.br

LIVRARIAS PAULINAS
Av. Goiás, 636
Tel.: (62) 224-2585/224-2329 • Fax: (62) 224-2247
74010-010 **Goiânia**, GO
e-mail: livgoiania@paulinas.org.br

MARANHÃO

EDITORA VOZES LTDA
Rua da Palma, 502 – Centro
Tel.: (98) 221-0715 • Fax: (98) 231-0641
65010-440 **São Luís**, MA
e-mail: livrariavozes@terra.com.br

LIVRARIAS PAULINAS
Rua de Santana, 499 – Centro
Tel.: (98) 232-3068 / 232-3072 • Fax: (98) 232-2692
65015-440 **São Luís**, MA
e-mail: fspsaoluis@elo.com.br

MATO GROSSO

EDITORA VOZES LTDA
Rua Antônio Maria Coelho, 197A
Tel.: (65) 623-5307 • Fax: (65) 623-5186
78005-970 **Cuiabá**, MT
e-mail: vozes54@uol.com.br

MARCHI LIVRARIA E DISTRIBUIDORA LTDA
– LIVRARIA VOGAL –
Av. Getúlio Vargas, 381 – Centro
Tel.: (65) 3226-9677 • Fax: (65) 322-3350
78005-600 **Cuiabá**, MT
e-mail: fmarchi@terra.com.br

MINAS GERAIS

EDITORA VOZES LTDA
Rua Sergipe, 120 – loja 1
Tel.: (31) 3226-9010 • Fax: (31) 3226-7797
30130-170 **Belo Horizonte**, MG
e-mail: vozes04@uol.com.br

EDITORA VOZES LTDA
Rua Tupis, 114
Tel.: (31) 3273-2538 • Fax: (31) 3222-4482
30190-060 **Belo Horizonte**, MG
e-mail: vozes32@uol.com.br

Rua Espírito Santo, 963
Tel.: (32) 3215-9050 • Fax: (32) 3215-8061
36010-041 **Juiz de Fora**, MG
e-mail: vozes35@uol.com.br

ASTECA DISTRIBUIDORA DE LIVROS LTDA.
Rua Costa Monteiro, 50 e 54
Bairro Sagrada Família
Tel.: (31) 3423-7979 • Fax: (31) 3424-7667
31030-480 **Belo Horizonte**, MG
e-mail: distribuidora@astecabooks.com.br

LIVRARIAS PAULINAS
Av. Afonso Pena, 2142
Tel.: (31) 3269-3700 • Fax: (31) 3269-3730
30130-007 **Belo Horizonte**, MG
e-mail: livbelohorizonte@paulinas.org.br

Rua Curitiba, 870 - Centro
Tel.: (31) 3224-2832 • Fax (31) 3224-2208
30170-120 **Belo Horizonte**, MG
e-mail: gerencialivbelohorizonte@paulinas.org.br

PARÁ

LIVRARIAS PAULINAS
Rua Santo Antônio, 278 – Bairro do Comércio
Tel.: (91) 241-3607 / 241-4845 • Fax: (91) 224-3482
66010-090 **Belém**, PA
e-mail: livbelem@paulinas.org.br

PARANÁ

EDITORA VOZES LTDA
Rua Voluntários da Pátria, 41– Loja 39
Tel.: (41) 233-1392 • Fax: (41) 224-1442
80020-000 **Curitiba**, PR
e-mail: vozes21@uol.com.br

Rua Senador Souza Neves, 158-C
Tel.: (43) 3337-3129 • Fax: (43) 3325-7167
86020-160 **Londrina**, PR
e-mail: vozes41@uol.com.br

LIVRARIA MILLENIUM LTDA.
Rua Dr. Goulin, 1523 – Hugo Lange
Tel.: (41) 362-0296 / 262-8992
Fax: (41) 362-0296 / 362-1367
80040-280 **Curitiba**, PR
e-mail: livraria@milleniumlivraria.com.br

LIVRARIAS PAULINAS
Rua Voluntários da Pátria, 225
Tel.: (41) 224-8550 • Fax: (41) 223-1450
80020-000 **Curitiba**, PR
e-mail: livcuritiba@paulinas.org.br

Av. Getúlio Vargas, 276 – Centro
Tel.: (44) 226-3536 • Fax: (44) 226-4250
87013-130 **Maringá**, PR
e-mail: livmaringa@paulinas.org.br

PERNAMBUCO, PARAÍBA, ALAGOAS, RIO GRANDE DO NORTE E SERGIPE

EDITORA VOZES LTDA
Rua do Príncipe, 482
Tel.: (81) 3423-4100 • Fax: (81) 3423-7575
50050-410 **Recife**, PE
e-mail: vozes10@uol.com.br

LIVRARIAS PAULINAS
Rua Duque de Caxias, 597 – Centro
Tel.: (83) 241-5591 / 241-5636
Fax: (83) 241-6979
58010-821 **João Pessoa**, PB
e-mail: livjpessoa@paulinas.org.br

Rua Joaquim Távora, 71
Tel.: (82) 326-2575 • Fax: (82) 326-6561
57020-320 **Maceió**, AL
e-mail: livmaceio@paulinas.org.br

Rua João Pessoa, 224 – Centro
Tel.: (84) 212-2184 • Fax: (84) 212-1846
59025-500 **Natal**, RN
e-mail: livnatal@paulinas.org.br

Rua Frei Caneca, 59 – Loja 1
Tel.: (81) 3224-5812 / 3224-6609
Fax: (81) 3224-9028 / 3224-6321
50010-120 **Recife**, PE
e-mail: livrecife@paulinas.org.br

RIO DE JANEIRO

ZÉLIO BICALHO PORTUGAL CIA. LTDA
Vendas no Atacado e no Varejo
Av. Presidente Vargas, 502 – sala 1701
Telefax: (21) 2233-4295 / 2263-4280
20071-000 **Rio de Janeiro**, RJ
e-mail: zeliobicalho@prolink.com.br

Rua Marquês de S. Vicente, 225 – PUC
Prédio Cardeal Leme – Pilotis
Telefax: (21) 2511-3900 / 2259-0195
22451-041 **Rio de Janeiro**, RJ

Centro Tecnologia – Bloco A – UFRJ
Ilha do Fundão – Cidade Universitária
Telefax: (21) 2290-3768 / 3867-6159
21941-590 **Rio de Janeiro**, RJ

EDITORA VOZES LTDA
Rua México, 174 - Sobreloja - Centro
Telefax: (21) 2215-0110 / (21) 2220-8546
20031-143 **Rio de Janeiro**, RJ
e-mail: vozes42@uol.com.br

Rua do Imperador, 834 – Centro
Telefax: (24) 2233-9000 – Ramal 9045
25620-001 **Petrópolis**, RJ
e-mail: vozes62@uol.com.br

LIVRARIAS PAULINAS
Rua 7 de Setembro, 81-A
Tel.: (21) 2232-5486 • Fax: (21) 2224-1889
20050-005 **Rio de Janeiro**, RJ
e-mail: livjaneiro@paulinas.org.br

LIVRARIAS PAULINAS
Rua Dagmar da Fonseca, 45 – Loja A/B – B. Madureira
Tel.: (21) 3355-5189 / 3355-5931 • Fax: (21) 3355-5929
21351-040 **Rio de Janeiro**, RJ
e-mail: livmadureira@paulinas.org.br

Rua Doutor Borman, 33 – Rink
Tel.: (21) 2622-1219 • Fax: (21) 2622-9940
24020-320 **Niterói**, RJ
e-mail: livniteroi@paulinas.org.br

RIO GRANDE DO SUL

EDITORA VOZES LTDA
Rua Ramiro Barcelos, 386
Tel.: (51) 3225-4879 • Fax: (51) 3225-4979
90035-000 **Porto Alegre**, RS
e-mail: vozes19@uol.com.br

Rua Riachuelo, 1280
Tel.: (51) 3226-3911 • Fax: (51) 3226-3710
90010-273 **Porto Alegre**, RS
e-mail: vozes05@uol.com.br

LIVRARIAS PAULINAS
Rua dos Andradas, 1212 - Centro
Tel.: (51) 3221-0422 • Fax: (51) 3224-4354
90020-008 **Porto Alegre**, RS
e-mail: livpalegre@paulinas.org.br

RONDÔNIA

LIVRARIAS PAULINAS
Rua Dom Pedro II, 864 - Centro
Tel.: (69) 224-4522 • Fax: (69) 224-1361
78900-010 **Porto Velho**, RO
e-mail: fsp-pvelho@ronet.org.br

SANTA CATARINA

EDITORA VOZES
Rua Jerônimo Coelho, 308
Tel.: (48) 222-4112 • Fax: (48) 222-1052
88010-030 **Florianópolis**, SC
e-mail: vozes45@uol.com.br

SÃO PAULO

DISTRIBUIDORA LOYOLA DE LIVROS LTDA
Vendas no Atacado
Rua São Caetano, 959 – Luz
Tel.: (11) 3322-0100 • Fax: (11) 3322-0101
01104-001 **São Paulo**, SP
e-mail: vendasatacado@livloyola.com.br

Vendas no Varejo
Rua Senador Feijó, 120
Telefax: (11) 3242-0449
01006-000 **São Paulo**, SP
e-mail: senador@livloyola.com.br

Rua Barão de Itapetininga, 246
Tel.: (11) 3255-0662 • Fax: (11) 3231-2340
01042-001 **São Paulo**, SP
e-mail: loyola_barao@terra.com.br

Rua Quintino Bocaiúva, 234 – Centro
Tel.: (11) 3105-7198 • Fax: (11) 3242-4326
01004-010 **São Paulo**, SP
e-mail: atendimento@livloyola.com.br

EDITORA VOZES LTDA
Rua Senador Feijó, 168
Tel.: (11) 3105-7144 • Fax: (11) 3105-7948
01006-000 **São Paulo**, SP
e-mail: vozes03@uol.com.br

Rua Haddock Lobo, 360
Tel.: (11) 3256-0611 • Fax: (11) 3258-2841
01414-000 **São Paulo**, SP
e-mail: vozes16@uol.com.br

Rua dos Trilhos, 627 – Mooca
Tel.: (11) 6693-7944 • Fax: (11) 6693-7355
03168-010 **São Paulo**, SP
e-mail: vozes37@uol.com.br

Rua Barão de Jaguara, 1164
Tel.: (19) 3231-1323 • Fax: (19) 3234-9316
13015-002 **Campinas**, SP
e-mail: vozes40@uol.com.br

Centro de Apoio aos Romeiros
Setor "A", Asa "Oeste"
Rua 02 e 03 – Lojas 111 / 112 e 113 / 114
Tel.: (12) 564-1117 • Fax: (12) 564-1118
12570-000 **Aparecida**, SP
e-mail: vozes56@uol.com.br

LIVRARIAS PAULINAS
Rua Domingos de Morais, 660 - Vila Mariana
Tel.: (11) 5081-9330 • Fax: (11) 5549-7825
04010-100 **São Paulo**, SP
e-mail: livdomingos@paulinas.org.br

Rua XV de Novembro, 71
Tel.: (11) 3106-4418 / 3106-0602 • Fax: (11) 3106-3535
01013-001 **São Paulo**, SP
e-mail: liv15@paulinas.org.br

Via Raposo Tavares, km 19,145
Tel.: (11) 3782-1889 / 3782-0096 • Fax: (11) 3782-0972
05577-300 **São Paulo**, SP
e-mail: expedicao@paulinas.org.br

Av. Marechal Tito, 981
São Miguel Paulista
Tel.: (11) 6297-5756
Fax: (11) 6956-0162
08010-090 **São Paulo**, SP
e-mail: livsmiguel@paulinas.org.br

PORTUGAL

MULTINOVA UNIÃO LIV. CULT.
Av. Santa Joana Princesa, 12 E
Tel: (00xx351 21) 842-1820 / 848-3436
1700-357 **Lisboa**, Portugal

DISTRIBUIDORA DE LIVROS VAMOS LER LTDA.
Rua 4 de infantaria, 18-18A
Tel.: (00xx351 21) 388-8371 / 60-6996
1350-006 **Lisboa**, Portugal

EDITORA VOZES
Av. 5 de outubro, 23
Tel.: (00xx351 21) 355-1127
Fax: (00xx351 21) 355-1128
1050-047 **Lisboa**, Portugal

Se você gostou desta publicação e gostaria de conhecer outras obras desta editora, preencha a ficha de cadastramento, nos envie e receba em casa informações atualizadas de nossas publicações.

FICHA DE CADASTRAMENTO

Nome: ______________________________

Endereço: ______________________________

____

CEP: ______________ Cidade: ______________

______________________________ Estado: __________

Profissão: ______________________________

Fone: ______________ Fax: ______________

e-mail: ______________________________

FORMAÇÃO: ( ) 1º Grau ( ) 2º Grau ( ) Superior

FAIXA ETÁRIA: ( ) De 0 a 14 ( ) De 15 a 30
( ) De 31 a 60 ( ) Mais de 60

RENDA FAMILIAR: ( ) Mais de 30 salários
( ) De 20 a 30 salários
( ) de 10 a 20 salários
( ) de 3 a 10 salários
( ) Menos de 3 salários

ÁREAS DE INTERESSE

- ☐ 000 Política/Sociologia
- ☐ 300 Ciências Sociais
- ☐ 160 Parapsicologia
- ☐ 100 Filosofia
- ☐ 380 Livros Didáticos
- ☐ 650 Comunicação
- ☐ 500 Educação
- ☐ 850 Literatura Inf.-Juvenil
- ☐ 700 Arte
- ☐ 150 Psicologia
- ☐ 001 Auto-ajuda
- ☐ 320 Economia
- ☐ 200 Teologia/Pastoral
- ☐ 400 Espiritualidade
- ☐ 800 Literatura
- ☐ 653 Relações Públicas
- ☐ 610 Saúde
- ☐ 900 História/Geografia

Edições Loyola
Editoração, Impressão e Acabamento
Rua 1822, n. 347 • Ipiranga
04216-000 SÃO PAULO, SP
Tel.: (0**11) 6914-1922